산상수훈의 잠언

산상수훈의 잠언

Copyright © 새세대 2025

초판 발행	2025년 11월 28일
지은이	곽요셉
펴낸곳	도서출판 새세대
발행인	곽요셉
편집 및 디자인	주식회사 유케이애드
이메일	churchgrowth@hanmail.net
홈페이지	www.newgenacademy.org
출판등록	2009년 12월 18일 제20009-000055호
주소	경기도 성남시 분당구 정자동 210-1
전화	031)713-9191 팩스 031)714-9064

이 출판물은 저작권법에 의해 보호를 받는 저작물이므로 무단 전제와 무단 복제를 할 수 없습니다.

ISBN 979-11-88604-19-7 (03230)

잘못된 책은 구입처에서 교환해 드립니다.
책값은 뒤표지에 있습니다.

오직 성령이 너희에게 임하시면 너희가 권능을 받고 예루살렘과 온 유대와
사마리아와 땅 끝까지 이르러 내 증인이 되리라 하시니라

산상수훈의 잠언

곽요셉 지음

도서
출판 **새세대**

서문

예수님의 산상수훈을 도덕 교훈이나 윤리 규범으로 이해하는 것은 하나님의 말씀에 대한 심각한 오해입니다. 이것은 우리가 노력해서 얻어야 하는 의무가 아니라, 거듭난 그리스도인에게 주어진 하나님의 은혜요, 새로운 성품의 선물입니다. 특히 산상수훈의 잠언은 외적으로는 행위의 요구를 담고 있으나, 그 본질은 은혜와 복음에 대한 응답입니다. 율법이 예수님 오시기 이전의 말씀이라면, 이 말씀은 예수님의 오심과 십자가, 그리고 성령의 선물 가운데 선포된 종말론적 복음입니다. 예수님의 말씀은 단순하고 명료하지만, 그 안에 하나님 나라가 선포되었고, 그 나라의 백성으로 살아가는 삶이 무엇인지를 명확하게 보여줍니다.

오늘날 많은 사람이 복음을 세상의 소원 성취나 물질적 번영을 약속하는 것으로 오해합니다. 그러나 복음은 자격 없는 우리에게 값없이 주신 하나님의 순전한 은혜요, 예수님의 십자가에서 나타난 무조건적인 사랑입니다. 이것은 인간의 소원과 능력으로 얻어낸 것이 아니라, 성령께서 친히 주관하셔서 믿게 하시고 변화시키시는 초자연적인 역사입니다.

그러나 여전히 세상은 어둠을 사랑하며, 불신앙은 하나님을 조롱하고 그리스도를 거부합니다. 산상수훈의 잠언은 이러한 어둠의 세상 속에서 하나님의 자녀가 어떻게 구별된 삶을 살아야 하는지를 분명히 보여줍니다. 새로운 정체성을 가진 하나님의 자녀로서, 이 세상에서 소금과 빛의 거룩한 사명을 맡은 사람임을 깨닫게 합니다.

산상수훈의 잠언이 놀라운 점은 그 말씀이 단순한 이상이 아니라, 삶 속에서 사건이 되는 살아있는 말씀이라는 것입니다. 예수님은 "소금 같은 사람이 되라"라고 권면하지 않고, "너희는 세상의 소금이다"라고 선언하셨습니다. 이것은 존재에 대한 하나님의 선포입니다. 그리스도인은 날마다 자신이 누구인지를 분명히 기억해야 합니다. "나는 하나님의 자녀다, 세상의 소금이요 빛이다, 팔복의 복을 받은 자다." 이러한 분명한 정체성을 붙잡을 때, 세상 한가운데서도 구별된 삶을 살 수 있습니다.

예수님께서 "좁은 문으로" 들어가라고 하신 말씀은 분별과 선택, 그리고 헌신을 요구합니다. 모든 거듭난 그리스도인은 사역으로 부름받은 존재입니다. 그 사역의 본질은 하나님의 뜻을 분별하고 행하는 것이며, 이것은 나의 힘이 아니라 믿음으로 되는 것입니다. 그래서 산상수훈의 잠언은 추상적인 구호가 아닙니다. 이것은 단순하고 명료한 하나님의 살아있는 말씀이며, 그 안에는 온 세상 문제의 근본적인 해답이 있습니다. 오직 하나님의 은혜로 주어진 이 말씀은, 오늘도 성령께서 역사하심으로 우리 안에서 생생한 사건으로 성취됩니다.

이 책은 산상수훈의 잠언을 따라 명료하며 깊이 있는 복음의 진리를 전합니다. 독자 여러분이 날마다 성령의 인도하심 안에서 참된 하나님의 자녀로 살아가며, 세상의 소금과 빛으로서 구별된 정체성을 분명히 붙잡기를 간절히 소망합니다. 이 말씀을 읽고 묵상하며 기도할 때, 말씀이 단순한 지식이 아닌 살아있는 사건이 되어 복음의 증인으로 하나님께 영광 돌리는 권세 있는 인생을 살아가도록 인도할 것입니다.

CONTENTS

	서문	4
01	너희는 세상의 소금이라 마5:13	10
02	너희는 세상의 빛이라 마5:14-16	32
03	눈은 눈으로 이는 이로 마5:38-42	56
04	오른 손이 하는 것을 왼손이 모르게 마6:1-4	80
05	보물을 하늘에 쌓아두라 마6:19-21	104
06	두 주인 마6:22-24	124
07	공중의 새와 들의 백합화 마6:25-30	148
08	한 날의 괴로움 마6:31-34	170
09	들보와 티 마7:1-5	194
10	거룩한 것을 개에게 주지 말라 마7:6	216
11	황금률 마7:12	240
12	좁은 문, 좁은 길 마7:13-14	260
13	나무와 열매 마7:15-20	284
14	반석 위와 모래 위 마7:24-27	308

1장

너희는 세상의 소금이라

01 | 너희는 세상의 소금이라

너희는 세상의 소금이니 소금이 만일 그 맛을 잃으면 무엇으로 짜게 하리요 후에는 아무 쓸 데 없어 다만 밖에 버려져 사람에게 밟힐 뿐이니라

(마태복음 5:13)

1787년, 28세 나이의 영국 하원 의원 윌리엄 윌버포스는 노예해방을 위해 헌신하기로 결심했습니다. 그는 거듭난 그리스도인이었습니다. 당시 노예무역은 국가 수입의 3분의 2를 차지할 정도로 중요한 영국 산업의 기둥이며 근간이었습니다. 또한 국가 안보에 있어서도 매우 중요한 역할을 했습니다. 그러나 이 청년은 노예해방이 하나님의 뜻이라고 확신하고 노예제도를 폐지하기 위해 온갖 노력을 기울였습니다. 왕족과 귀족 같은 기득권층의 위협이 있었지만, 윌버포스는 하

나님의 뜻이 노예를 해방하는 것이고, 하나님의 뜻이 있는 곳에는 반드시 길이 있다고 주장하면서 낙심하지 않고 매일 기도와 말씀 묵상으로 담대한 인생을 살았습니다. 그리고 모든 힘을 다해 하나님의 뜻을 이루고자 노력했습니다. 결국 1833년, 그의 결심 이후 46년이 지났을 때 영국에서 노예제도를 폐지하는 법안이 통과되었습니다. 그리고 열흘 후, 윌버포스는 하나님의 뜻이 성취되었다는 환희와 감격 속에서 생을 마치게 됩니다. 깊이 생각해 보시기 바랍니다.

하나님의 자녀를 통한 하나님의 역사

성도 여러분, 만약 예수 그리스도께서 이 세상 속으로 오시지 않았다면, 그래서 만약 하나님의 교회가 없고 거듭난 그리스도인이 없었다면, 세상의 역사는 어떻게 변했을 것 같습니까? 노예제도가 폐지되고, 민주주의가 정착되고, 지금과 같은 문명사회가 되었을 것이라고 예상하십니까? 절대 아닙니다. 노예제도는 계속되었고, 봉건주의도 지속되었으며, 우상숭배로 가득한 세상이 되었을 것입니다. 결국 세상은 멸망했을 것입니다. 과거에 높은 수준의 헬라 철학이 로마를 통해서 온 세상에 널리 전파되었어도 노예제도를 지지했고, 우상숭배와 편승했으며, 세상에는 전쟁과 폭력과 무질서와 혼란이 가득 차 있었던 것을 보면 알 수 있습니다.

창조주 하나님께서는 하나님의 자녀들을 통하여 하나님의 뜻을 이루십니다. 이 진리를 붙잡고, 믿고, 이 일의 증인으로 오늘을 살아가야 합니다. 빌립보서 2장 13절에 기록된 하나님의 말씀입니다. "너희 안에서 행하시는 이는 하나님이시니 자기의 기쁘신 뜻을 위하여 너희에게 소원을 두고 행하게 하시나니." 하나님께서 오직 하나님의 자녀를 통하여 하나님의 기쁘신 뜻을 밝히 알려 주시고, 하나님의 자녀로 하여금 그 뜻을 소원하며 행하게 하시는 것이 하나님의 역사입니다. 그래서 하나님의 자녀는 이 세상 속에 분명한 존재 의식과 구별된 정체성을 가지고 오늘을 살아가야 합니다.

성경은 하나님의 자녀를 향하여 '하나님의 동역자'라고 말씀합니다. 왜 그렇습니까? 하나님께 필요한 존재이기 때문이요, 하나님께서 하나님의 자녀를 통하여 하나님의 뜻을 이루시기 때문입니다. 또한 하나님의 자녀 됨에 대해 성경은 이렇게 말씀합니다. "영접하는 자 곧 그 이름을 믿는 자들에게는 하나님의 자녀가 되는 권세를 주셨으니"(요 1:12). 하나님의 자녀는 '권세', Authority를 가진 특별한 존재입니다. 왜 그렇습니까? 삼위일체 하나님께서 함께하시며 하나님의 뜻을 이루시기 때문입니다. 항상 기억해야 합니다.

오래전에 있었던 일입니다. 독일의 유명한 재상 비스마르크의 일화입니다. 어느 날 궁정에서 큰 연회가 열렸습니다. 그런데 당시 재상이었던 비스마르크의 자리가 저 구석, 별 볼일 없는 곳에 있었습니다. 사람들이 웅성거리고 수군댔습니다. 그런데 그는 웃으면서 이렇게 말했습니다. "내가 어디에 앉건 그곳이 바로 상석이라네." 저는 이 사건을 종종 생각합니다. 내가 어디에 앉든지 그 자리가 상석이라는 것이 권세 있는 사람의 생각입니다. 세상이 뭐라고 하든, 예수 그리스도 안에서 높은 자존감을 가지고 살아야 합니다.

성도 여러분, 하나님의 자녀라는 권세를 가졌기에 높은 자존감을 가지고 오늘을 살아가는 것이 마땅합니다. 그런데 이런 권세를 가졌음에도 불구하고 권세 있는 삶을 살지 못하고, 자존감 낮은 인생을 살아가는 사람이 너무나 많습니다. 환경의 문제, 능력의 문제, 지식의 문제, 소유의 문제를 지금 말하는 게 아닙니다. 어떤 존재 의식, 정체성을 가지고 사느냐를 말하고 있습니다. 왜 하나님의 자녀임에도 낮은 자존감으로 살아가는 것입니까? 근본적인 이유는 존재 의식이 잘못됐기 때문입니다. 하나님의 동역자, 하나님의 뜻을 이루기 위하여 하나님께서 택하신 하나님의 자녀라는 정체성이 망가졌습니다. 세상의 왜곡된 가치관에 휩쓸려버렸습니다. 그러다 보니 하나님의 능력과 역사에 대한 확신이 없습니다. 하나님의 능력을 의존하지 않습니다. 삶 속에서 하나님의 뜻보다 나의 뜻을 항상 앞세우게 됩니다. 거기에 집착합니다. 그 결과 하나님의 능력은 추상적인 것이 되어버리고, 나의 열심과 능력에 의존하며 살아갑니다. 그래서 잘못된 신앙생활을 하게 되는 것입니다.

너희는 세상의 소금이다

오늘 성경에 기록된 우리에게 주시는 하나님의 말씀입니다. "너희는 세상의 소금이다." 너무나 유명한 말씀이요, 충격적인 선언입니다. 예수님의 선언이요, 예수님의 잠언입니다. 이 짧은 한마디 속에 충만한 복음의 메시지가 계시되어 있습니다. 하나님의 자녀는 누구이며, 이 세상 속에서 어떠한 인생을 살아야 하는지를 명백히 나타내고 있기 때문입니다. 그러므로 이 말씀을 항상 묵상하며, 이 말씀이 내 삶 속에서 인생의 사건으로 성취되는 기쁨을 누리며 살아가야 합니다. "너희는 세상의 소금이다." 지금 이 말씀은 소금과 같은 사람이 되라는 것이 아닙니다. 세상의 소금이 되어야 한다는 뜻도 아닙니다. "너희는 세상의 소금이다." 하나님의 선포입니다. 그러므로 나의 능력과 결단과 소원으로 이런 존재가 되지 못합니다. 오직 하나님의 능력과 뜻에 따라, 하나님의 역사하심으로 세상의 소금이 됩니다.

특별히 이 말씀은 팔복의 적용으로 주신 말씀입니다. 산상수훈의 팔복은 마태복음 5장 3절에서 12절까지 기록되어 있습니다. 여기서 잊어서는 안 될 것이 있습니다. 무슨 말이냐 하면, 거듭난 그리스도인에게는 이미 이 팔복이 주어졌다는 것입니다. 이 신의 성품, 예수님의 성품이 하나님의 자녀에게 새롭게 주어졌습니다. 그래서 말씀하십니다. "하나님의 자녀인 너희는 세상의 소금이다." 하나님의 자녀라는 복을 받은 사람만이 세상의 소금입니다. 이 복은 오직 하나님의 복음과 성령의 역사로 주어지는 은혜입니다. 나의 의와 지식을 통해서 또는 나의 결단과 선행을 통해 인격적인 사람이 되어서 세상의 소금이 되는 것이 아닙니다. 오직 하나님의 능력을 의존하고, 복음의 역사 속에 믿음으로 되는 존재를 말하는 것입니다. 그래서 "너희는 세상의 소금이다"라는 말씀에서 먼저, "너희는"이라고 하나님의 자녀를 지명한 것입니다. 여기서 "너희는"이라는 말은 '거듭난 하나님의 자녀'뿐입니다. 그 외에는 세상의 소금 같은 존재가 될 수 없습니다. 세상에 있는 수많은 물질들 중에서 소금은 극소량이듯이, 안타깝게도 거듭난 하나님의 자녀도 극소수뿐입니다. 이것은 하나님이 원하시는 바가 아님에도, 결과가 그렇습니다. 그래서 디모데전서 2장 4절은 이렇게 말씀합니다. "하나님은 모든 사람이 구원을 받으며 진리를 아는 데에 이르기를 원하시느니라." 하나님은 모든 사람이 정말 구원받기를 원하십니다. 그런데 인간이 교만하여 믿지 않습니다. 예수님을 나의 구주로 영접하지 않습니다. 그리스도를 본받지 않고, 따르는 삶도 살지 않습니다. 불신앙으로, 스스로 구원을 거절합니다. 그래서 극소량의 소금처럼 적은 수의 사람만이 하나님의 자녀라고 말씀하십니다.

또한 이 말씀에서 부패하고 타락한 세상을 암시하십니다. 세상은 어둠 자체입니다. 그러기에 세상의 소금이라고 말씀하십니다. 특별한 존재라고 말씀하시는 것입니다. 세상의 부패와 타락을 막는 존재로 하나님께서 하나님의 자녀를 창조하셨음을 나타내고 있습니다. 무엇보다도 이 잠언은 세상과의 관계를 말씀합니다. 세상의 소금입니다. 세상 밖의 소금이 아닙니다. 세상 속에, 세상 안에 있는 소금을 의미합니다.

역사적으로 하나님을 믿고 하나님의 뜻에 순종한다고 하면서 잘못된 결단을 내리는 그럴듯한 활동을 했던 사람들이 많았습니다. 대표적인 것이 수도원 운동입니다. 산속 수도원에 들어가 10년, 20년, 30년, 오랫동안 성경을 묵상하며 나름대로 대단한 인격과 고매한 신앙을 가진 성자 같은 인생을 살아갑니다. 그리고 그것을 자랑하지만, 보기 좋은 종교적인 허상일 뿐입니다. 하나님의 뜻이 아닙니다. 왜 그렇습니까? 세상 속의 소금이 하나님의 자녀이기 때문입니다. 세상과 동떨어져서 끼리끼리 또는 나 홀로 거룩한 인생을 지향하고, 그것을 명예로 생각하며 성자 같은 인생을 살았다고 말하는 것이 통하는 것은 세상에서뿐입니다. 이것은 잘못된 인생입니다. 그런데도 자랑스럽게 여기는데, 그것을 버려야 합니다.

더욱이 요즘 시대에도 하나님의 뜻을 받기 위해서, 영감을 받기 위해서 산속으로 들어가는 사람이 많습니다. 죄송합니다만 많은 목회자가 그런 일을 합니다. 저는 그런 분을 만날 때마다 개인적으로 이렇게 묻습니다. "산속에 뭐가 있는데 가는 것입니까?" 그러면 조용해서 묵상이 잘된다고 대답합니다. 그때 이렇게 말해줍니다. "지금 그게 말이 된다고 생각하십니까? 그러면 차라리 불교 사찰이나 가시지 그러세요." 성도 여러분, 하나님의 교회로 가야 합니다. 하나님의 거룩한 전, 그리스도의 몸인 교회에서 기도하고, 묵상하며, 하나님의 말씀을 구해야 합니다. 하나님의 교회를 떠나서 깊은 산속으로, 조용한 물가로 간다는 건 세상의 소금이 아님을 말하는 것입니다. 세상 밖의 소금을 지향하기 때문에 잘못된 신앙생활을 하는 것입니다. 오늘 주시는 말씀은 이것입니다. "너희는 세상의 소금이다." 깊이 생각해야 합니다.

그리고 이 말씀은 최고의 찬사입니다. 매우 특별한, 귀중한 존재임을 깨닫게 해주시는 잠언입니다. "너희는 하나님의 자녀, 하나님께서 선택하시고 하나님의 뜻을 이루고자 하나님께서 친히 지명하신 하나님의 자녀다." 이 존재 의식을 항상 갖고 살아야 합니다. 당시에 이런 격언이 있었습니다. "태양과 소금보다 더 유용한 것은 없다." 그 시대의 문화와 철학에서 사용되던 문구인데, 그만큼 소금은 귀중한 것입니다. 또한 "소금은 신과 같다"라는 격언도 사용했습니다. 이러한 격언은 말씀을 전하는 예수님이나 듣는 청중이나, 당시 사람들이 다 알았습니다. 그래서 예수님은 그 격언 속에서 '소금'이라는 단어를 취해서 하나님의 말씀을 선포하신 것입니다. "너희는 세상의 소금이다." 즉 그리스도인은 세상에 절대적으로 필요한 고귀한 존재라는 것입니다. 꼭 필요한, 하나님의 뜻을 이루기 위해서 반드시 필요한 하나님의 사람임을 깨닫게 하시는 잠언입니다. 항상 기억해야 합니다. 성도 여러분, 나는 이런 존재 의식 속에 오늘을 살아가고 있습니까? 내가 비록 죄인이지만, 믿음으로 하나님의 자녀 되었으므로 하나님의 뜻이 나를 통해서 이루어지고 나타난다는 정체 의식을 가지고 오늘을 살아가십니까? 그렇지 못하면 잘못된 인생을 살아갈 수밖에 없습니다.

세상의 소금으로 살아가는 그리스도인

"너희는 세상의 소금이다"라는 선포에 소극적인 의미가 나타난다면, 적극적인 차원은 "너희는 세상의 빛이다"라는 선언입니다. 성경에서 보면, 소돔과 고모라 성의 심판 사건이 자세히 기록되어 있습니다. 영화로도 나왔고, 믿지 않은 사람도 그 사건을 압니다. 소돔과 고모라 이야기가 주는 교훈의 메시지는 분명합니다. 왜 멸망했습니까? 너무 부패하고 타락했기 때문입니다. 그러나 더 중요한 원인을 기억해야 합니다. 의인 열 명이 없어서입니다. 이것을 잊어서는 안 됩니다. 또한 다윗의 통치 아래 있었던 남 유다 왕조, 그들이 멸망합니다. 하나님의 심판을 받습니다. 왜 그렇습니까? 왜 하나님의 백성이 그런 상황에 처하게 되었습니까? 성경에 자세히 기록됩니다. 그들이 부패하고 타락했기 때문입니다. 그러나 더 중요한 이유는 무엇입니까? 의인 한 명이 없어서입니다. 이것이 구약성경 예레미야의 메시지입니다. 하나님의 기준에서 하나님이 찾으시는 의인 한 명이 없어서 멸망했습니다. 그래서 하나님께서 예수 그리스도 안에서 새로운 피조물, 하나님의 자녀를 창조하십니다. 세상의 소금으로 살아가게 하시기 위해서입니다. 의인 한 명을 찾으시는 것이 하나님의 마음이요, 하나님의 뜻입니다. 그 속에서 하나님의 역사가 나타나기 때문입니다.

우리가 나라를 사랑하고 민족을 위해 기도할 때, 이성적으로나 경험적인 판단에서 화가 나는 경우가 있습니다. 정치나 사회에서 일어나는 일들을 보면 정말 싹 없앴으면 좋겠다는 생각마저 듭니다. 수많은 비난, 원망, 정죄의 말들만이 있을 뿐이지 해결책이나 답이 없습니다. 그러나 다 없앤다고 세상이 더 나아집니까? 아닙니다. 하나님의 사람은 다시 생각해야 합니다. 의인 한 명이 있느냐의 문제입니다. 하나님의 기준에 합당한, 하나님의 뜻이 이루어지는 의인 한 명이 있느냐를 놓고 기도해야 합니다. 그리고 내가 그 사람인지 물어야 합니다. 하나님의 자녀는 세상의 소금이라고 말씀하시는데, 이 말씀이 내게 사건으로 임하고 있습니까? 이것이 중요한 질문입니다.

소금의 기능에 대해서 알아야 이 잠언의 메시지를 쉽게 이해할 수 있습니다. 그때나 지금이나 기능은 똑같습니다. 소금에는 두 가지 기능이 있습니다. 먼저는 부패를 방지하는 것입니다. 방부제 역할을 합니다. 그러므로 하나님의 자녀는 이 패역한 세상에서 방부제 역할을 하는 존재로 하나님께서 지명하여 창조하신 사람입니다. 꼭 필요한 존재입니다. 두 번째 기능은 음식의 맛을 내게 하는 것입니다. 한번 생각해 보십시오. 아무리 재료가 좋아도, 음식 솜씨가 좋아도 소금이 없으면 끝입니다. 맛있게 먹을 수가 없습니다. 그러므로 하나님의 자녀의 존재 이유는 이 세상 속에서 맛을 내는 것입니다. 인생의 맛, 인생의 의미와 기쁨과 활력을 내게 하는 존재로 살아가기 위하여 하나님의 부르심을 받았습니다. 이것을 항상 기억해야 합니다.

그리고 소금이 영향력을 발휘하는 방법은 간단합니다. 스며들어 녹아야 합니다. 그렇지 않습니까? 한국 속담에 "부뚜막의 소금도 집어넣어야 짜다"라는 말이 있습니다. 집어넣지 않으면, 스며들지 못하면 맛을 내지 못합니다. 그러므로 하나님의 자녀가 세상에서 자신의 역할을 다하려면 세상 속에 함께 있어야 하는 것입니다.

성경에 기록된 이스라엘의 불신앙을 항상 기억해야 합니다. 이것은 반면교사입니다. 그들은 선민의식을 가졌고, 율법을 받았으며, 지키려고 정말로 애썼습니다. 수많은 구체적인 율법 항목들을 만들어갔습니다. 안식일을 지켰고, 그날을 목숨 걸고 수호했습니다. 그리고 성경을 묵상했고, 십일조를 냈고, 하나님의 일에 헌신하기도 했습니다. 그런데 그들은 심판을 받습니다. 그 이유가 무엇입니까? 가장 중요한 것은 하나님의 뜻을 왜곡했고, 하나님의 뜻에 불순종했기 때문입니다. 하나님께서 하나님의 백성을 택하신 이유는 세상에 소금이 되게 하기 위함인데, 이들은 세상 밖에서 끼리끼리 자기 민족만 선민이고 나머지는 다 죄인이라고 생각했습니다. 그러니 저들은 심판을 받아 마땅한 사람들이라고 여겼습니다. 여기에 문제가 있는 것입니다. 그러다 보니 삐뚤어진 신앙생활을 하게 됩니다. 그래서 성경은 저들이 열심은 있으나, 지식이 없어서 망한다고 말씀합니다. 하나님을 아는 지식이 없어서 망합니다. 그렇게 성경공부를 하고 율법을 지키며 애썼지만, 하나님의 뜻을 알지 못해서 망합니다. 하나님의 자녀를 택하신 목적은 세상에 소금과 빛이 되게 하기 위함인데, 세상과 동떨어져서 자기 민족에 대한 우월에 빠져 소금의 기능을 다하지 못했기 때문에 심판을 받았다는 사실을 기억해야 합니다.

우리가 매 주일 교회에서 예배를 드리고, 내게 주신 말씀을 듣고 찬양하는 것은 신앙생활에서 하나의 본질입니다. 여기서부터 출발하는 것으로, 이것은 시작입니다. 끝이 아닙니다. 매우 훌륭한 신앙생활이지만, 여기서부터 확산되어야 합니다. 가정에서, 사회에서, 직장에서, 또 낯선 곳으로의 여행 중에도 이것이 나타나야 합니다. 소금의 역할처럼, 영향력이 나타나야 합니다. 하나님의 자녀답게 살아야 합니다. 그렇지 못하면 아무것도 아닙니다. 그러므로 세상 속에서 구별된 존재 의식을 가지고 복음의 증인으로 살아야 합니다. 세상에서 살지만, 동시에 세상에 속하지 않은 사람으로 오직 하나님께 영광 돌리는 삶을 살아야 마땅한 것입니다.

하나님 나라와 의를 먼저 구함

성도 여러분, '세상의 소금'이라는 존재로 살기 위해서 주의 나라와 주의 의를 항상 먼저 구해야 합니다. 그것이 세상 사람과 다른 점이라고 예수님께서 말씀하십니다. 세상에서 똑같이 먹고, 마시고, 사회생활을 하지만 무엇이 구별됩니까? 존재 의식이 다른 것입니다. 그래서 하나님의 나라와 하나님의 의를 먼저 구합니다. 항상 하나님 중심, 은혜 중심의 삶을 살아갑니다. 무엇보다도 팔복을 깊이 묵상해야 합니다. 팔복의 적용으로 주신 말씀이 "너희는 세상의 소금이다"라는 선언이기 때문입니다. 그러다 보면, 자기를 부인하게 됩니다. 자기 뜻을 하나님의 뜻에 일치시키게 됩니다.

자기 부인에 이르지 않으면 세상의 소금이 될 수 없습니다. 오히려 조롱거리가 될 것입니다. 세상 사람들 중에 "크리스천과는 사업 안 해!"라고 말하는 사람이 많습니다. 신앙생활을 잘하는 것 같고, 사회에서 열심히 봉사하는 것 같지만, 그들을 향해 심지어 세상 사람들보다 더 지독하다고까지 말합니다. 왜 그렇습니까? 자기 부인이 이루어지지 않으면, 세상의 소금이 될 수 없기 때문입니다. 아무리 주일에 교회에서 예배를 드리고, 찬송하고, 봉사한다고 해도, 자기 부인이 이루어져 자아가 깨지지 않으면 아무 소용이 없습니다. 세상 중심의 삶을 버려야 영향력을 나타낼 수 있습니다. 그리고 무엇보다도 예수 그리스도와 항상 연합하여 그리스도의 마음과 지식과 생각을 본받으며, 그리스도를 따르며, 그리스도의 영광을 나타내는 삶을 목적으로 오늘을 살아가야 합니다. 그럴 때 내 안에서 하나님의 뜻을 소원으로 품게 되며, 그 가운데 놀라운 성취가 나타나게 됩니다.

오늘 성경말씀에 다시 귀를 기울여 보십시오. "너희는 세상의 소금이니 소금이 만일 그 맛을 잃으면 무엇으로 짜게 하리요 후에는 아무 쓸 데 없어 다만 밖에 버려져 사람에게 밟힐 뿐이니라." 맛을 잃으면 무용지물이라는 것만 아니라, "사람들에게 밟힐 뿐이니라"는 말씀처럼 가장 불쌍한 사람이 된다고 하십니다. 잘 생각해 보십시오. 정말 이 말씀 그대로입니다. 나는 하나님의 자녀라고 믿고 구원의 은혜를 찬송하지만, 세상의 소금으로서 존재 의식을 잃어버리고 소금의 영향력을 나타내지 못한다면, 오히려 세상 사람의 조롱거리가 됩니다. "저런 사람이 교회에 다녀?" 하나님을 믿는데, 오히려 비난거리가 됩니다. 하나님 앞에서 심판을 받고, 사람들에게도 밟힐 뿐입니다. 결국 하나님의 영광을 가로막는 인생을 살아가게 됩니다. 이것은 무서운 경고입니다.

성도 여러분, 솔직히 한번 생각해 보십시오. 세상에 교회와 그리스도인의 숫자가 많다고 얘기하지만, 그들이 정말 거듭난 사람입니까? 정말 하나님의 교회가 맞습니까? 대다수의 교인들이 소금으로서의 존재 의식을 잃어버렸습니다. 세상의 소금이라는 존재 의식을 갖지 못한 상태로 살아갑니다. 다만 세상에서 나름 열심히 신앙생활하며 살아갈 뿐입니다. 안타깝게도 이것이 잘못된 인생입니다. 내게 주신 하나님의 은혜, 내게 주신 팔복, 내게 주신 하나님의 뜻, 그것과 상관없이 살아가다 보니 영향력 없는 삶을 살아가게 됩니다. 오늘 말씀대로 무용지물과 같은 신앙생활을 하게 됩니다. 쓸모없는 일입니다. 그 결과 하나님의 능력을 의존하지 않고, 하나님의 뜻을 구하지도 않고, 나의 뜻과 소원에 집착하며 종교생활을 하게 되는 것입니다. 회개해야 합니다.

하나님의 사람 존 웨슬리 목사님의 일화를 소개하겠습니다. 이분이 어느 날 밤에 예배를 마치고 집에 돌아가는 길에 강도를 만났습니다. 그런데 돈은 물론, 강도가 빼앗아 갈 것이 없었습니다. 그냥 갈 판입니다. 그때 웨슬리 목사님이 돌아서는 강도를 향해 소리쳤습니다. "잠깐 멈추시오. 내가 당신에게 줄 정말 좋은 것이 있소. 그것을 주려고 하니 멈추시오." 깜짝 놀라서 강도가 그 자리에 멈췄습니다. 그러자 웨슬리 목사님이 이렇게 말했답니다. "형제여, 당신은 이런 생활을 후회하게 될지도 모르오. 만일 그날이 오거든 '예수 그리스도의 피가 우리를 모든 죄에서 깨끗하게 하실 것이다'라는 말을 꼭 기억하시기를 바라오." 이 강도는 놀라서 도망갔고, 웨슬리는 그 자리에서 기도했답니다. "이 복음이 저 사람을 통해서 열매 맺게 해주세요." 그리고 목사님도 이 사건을 잊어버렸습니다. 이후 수년이 지났는데, 어느 날 예배 후에 교인들과 인사를 나누는 중에 낯선 사람이 찾아와서 자기를 소개하더랍니다. "지금은 내가 그리스도인이요 성공한 사업가가 되었지만, 과거에는 강도였습니다. 목사님, 제가 수년 전에 목사님께 강도 짓을 한 그 사람입니다." 그 순간 오히려 존 웨슬리가 더 놀랐습니다. 깜짝 놀랐습니다. 그러는 중에 그 사람이 말하더랍니다. "다 목사님 덕분입니다."

성도 여러분, 오직 하나님의 자녀를 통해서만 복음이 나타나고, 하나님의 뜻이 이루어지며, 그 속에서 죄인이 회개하고 변화됩니다. 이런 수많은 사건이 역사에 있습니다. 18세기 프랑스 혁명을 다 기억하실 것입니다. 개혁을 주장하며 피의 혁명이 일어났습니다. 수만 명이 참수 당했고, 엄청난 폭력 사태가 일어났습니다. 그런데 똑같은 상황에서 개혁이 일어난 영국에서는 피의 혁명이 일어나지 않았습니다. 역사가들이 왜 그랬는지, 영국 사람들이 본래 착해서 그런 것인지 질문했습니다. 그러나 그런 것이 아니었습니다. 역사가들은 그 답을 이렇게 내립니다. "존 웨슬리 한 사람 때문이다. 그가 하나님의 복음을 전파하여 영국에서 부흥 운동이 일어나 피의 혁명이 일어나지 않았다." 이 세상 속에서 복음의 사람으로 그리스도를 전파하며, 하나님께 영광 돌리고 하나님께 순종하는 삶을 살아가고 계십니까? 나의 주 성령께서 내 안에서 항상 나를 깨우십니다. 나를 예수 그리스도께 인도하며, 예수 그리스도 안에서 하나님의 영광을 나타내는 삶으로 날마다 우리를 변화시키십니다. 그리고 그 속에서 내게 말씀하십니다. "너는 세상의 소금이다. 너는 세상에 꼭 필요한 하나님의 자녀다. 이것을 잊지 말라."

† 기도

창조주이시며 거룩하신 하나님 아버지. 이 어둠의 세상 속에 독생자 예수 그리스도를 보내시어 예수 그리스도 안에서 하나님의 복음을 듣고 믿음으로 이제는 하나님의 자녀 되는 권세를 입어 이 어두운 세상에서 권세 있는 자로 담대한 인생을 살게 하심을 진심으로, 진심으로 감사드립니다. 나의 주 성령이시여, 날마다 성령 충만함을 간과했지만, 이제는 성령을 따라 오직 하나님의 뜻을 이루는, 하나님의 뜻이 내 안에 이루어지는 그 역사의 증인으로 바른 정체 의식을 가지고 구별된 의식 속에 오직 믿음으로 날마다 승리하는 형통한 삶을 살게 하여 주시옵소서. 하나님의 자녀 됨이 얼마나 값있고, 세상에 꼭 필요한 존재인가를 항상 인식하며, 주의 나라와 주의 의를 먼저 구하며 그리스도의 영광을 나타내는 승리의 삶을 살도록 지켜주옵소서. 우리 주 예수 그리스도의 이름으로 간절히 기도드리옵나이다. 아멘.

2장

너희는 세상의 빛이라

02 | 너희는 세상의 빛이라

너희는 세상의 빛이라 산 위에 있는 동네가 숨겨지지 못할 것이요 사람이 등불을 켜서 말 아래에 두지 아니하고 등경 위에 두나니 이러므로 집 안 모든 사람에게 비치느니라 이같이 너희 빛이 사람 앞에 비치게 하여 그들로 너희 착한 행실을 보고 하늘에 계신 너희 아버지께 영광을 돌리게 하라

(마태복음 5:14-16)

20세기 독일의 저명한 루터교 목회자인 마르틴 니묄러 목사님의 일화를 소개하겠습니다. 제2차 세계대전 말기, 독일 히틀러 정권을 비판하다가 감옥에 갇히고 강제수용소에서 8년의 시간을 보내게 됩니다. 전쟁이 끝날 때쯤, 니묄러 목사님은 일곱 번의 똑같은 꿈을 꾸었습니다. 그리고 그 꿈을 책에 기록했는데, 이런 내용입니다.

꿈에서 많은 사람이 한 줄로 서서 하나님 앞에 최후의 심판을 받고 있었습니다. 다들 죄를 고백하며 부끄러워 고개를 들지 못하면서 용서를 구하고 있었습니다. 그런데 단 한 사람만은 자신의 죄를 고백하지 않고 뒤를 돌아보면서 자꾸 변명만 하는 것입니다. 그래서 저 사람은 도대체 누군데 어떻게 이 시간에 죄를 고백하지 않고, 고개를 숙이지도 않고, 저렇게 변명만 하는지 얼굴을 보고 싶었습니다. 그래서 얼굴을 자세히 보니, 그는 바로 히틀러였습니다.

그런데 이때 니묄러 목사님에게 하나님의 말씀이 들려왔습니다. "히틀러가 이 지경이 된 것은 바로 니묄러, 너의 책임이다. 너는 8년 동안 히틀러에 대항하여 싸움만 했지, 단 한 번이라도 그에게 전도해 보았느냐? 그에게 전도했더라면 그가 폭군이 되어 전쟁을 일으키지 않았을 것이다. 전쟁을 일으킨 죗값이 니묄러 네가 전도하지 않은 데 있다." 깜짝 놀라 꿈에서 깬 니묄러 목사님은 가슴을 치고 통곡하며 회개했다고 합니다. 이 전쟁의 책임은 바로 자신에게 있다는 것을 깨닫고 회개하며, 자신의 이 체험적 사건을 널리 알리게 됩니다. 깊이 생각해 보시기 바랍니다.

세상에 보낸 구별된 하나님의 자녀

성도 여러분, 모든 하나님의 자녀에게는 고귀한 사명이 주어졌습니다. 그것은 오직 하나님의 복음을 증언하며, 이 복음의 증인으로 사는 것입니다. 나 같은 미천한 죄인이 하나님의 은혜를 받았고, 하나님의 부르심을 받았고, 하나님의 선택을 받았습니다. 그런데 왜 나입니까? 왜 내가 이 놀라운 은혜의 수혜자입니까? 이 질문의 답은 나 자신에게 있지 않습니다. 내가 착하고 선행을 많이 해서, 지혜로워서, 기도를 많이 해서가 전혀 아닙니다. 오직 하나님께 있습니다. 하나님의 놀라운 구원의 경륜 속에 하나님의 뜻을 이루기 위함이라는 사실을 잊어서는 안 됩니다.

예수님께서 십자가를 지시기 전날, 제자들과 함께 기도하십니다. 그 기도의 전문이 요한복음 17장에 기록됩니다. 18절에서 이렇게 기도하셨습니다. "아버지께서 나를 세상에 보내신 것 같이 나도 그들을 세상에 보내었습니다." 예수님은 자신이 누구인가라는 정체성을 '하나님이 나를 세상에 보내신 것'에서 삼았습니다. 하나님께서 나를 세상으로 보내셨다는 그 사명 의식으로 승리의 삶을 살아간 것입니다. 그리고 그와 같이 예수님은 제자들을 세상에 보내셨다고 말씀하십니다.

성도 여러분, 모든 그리스도인은 예수 그리스도 안에서 하나님께서 세상으로 보내신 사람들입니다. 이것을 잊어서는 안 됩니다. 하나님의 자녀는 이 세상에서 살아갑니다. 그러나 세상에 속한 사람이 아닙니다. 우리 모두는 천국 백성입니다. 하나님 나라에 속했습니다. 영생을 소유한 사람입니다. 그런 사람으로 하나님께서 창조하시고, 세상 속으로 보내셨습니다. 복음의 증인으로 그 복음을 증언하기 위하여 세상 속으로 보내셨다는 사실을 항상 기억해야 합니다.

성경에서 하나님의 자녀들의 인생에 나타나는 아주 두드러진 현상이 있습니다. 그것은 바로 그들 모두가 구별된 정체성을 가졌고, 항상 세상 사람과 대조되는 인식 속에 살았다는 것입니다. 자신은 분명 하나님의 자녀지만, 세상 안에 있습니다. 그러나 세상에 속한 자가 아닙니다. 세상에 대하여 구별성과 대조성을 가지고 그 시대를 살아 승리한 것입니다. 그런데 오늘날은 이 구별된 존재 의식과 대조성이 애매모호합니다. 희미해졌습니다. 그래서 잘못 생활하며 또다시 세상 중심의 삶을 살고, 옛사람의 본성에 이끌려 살아가게 됩니다. 성경에 보면 세상과 하나님 나라는 구별되며 대조됩니다. 이것을 더욱 분명히 기억하도록 '어둠과 빛'으로 설명하고 있습니다. 하나님의 자녀는 세상에 속한 자가 아닙니다. 어둠의 자녀가 아닙니다. 전에는 그랬지만, 이제는 하나님 나라의 백성이요, 빛의 자녀입니다. 대조됩니다. 이것을 잊어서는 안 됩니다.

거듭난 그리스도인과 불신자를 성경은 명백히 대조하고 구별합니다. 영생을 소유했느냐 아니냐는 천지 차이입니다. 그 결과가 천당과 지옥으로, 완전히 대조됩니다. 그래서 성경은 옛사람과 새사람으로 구별하며 대조하고 있습니다. 이 구별성과 대조성을 항상 기억하며 오늘을 살아가야 합니다. 그래야 정체성을 잃지 않게 됩니다. 하나님의 뜻과 나의 뜻, 이건 구별되고 대조되는 것입니다. 함께할 수가 없습니다. 마치 창조주 하나님과 피조물인 인간이 구별되고 대조되는 것처럼, 이 구별성과 대조성의 확신 속에 우리는 세상에 대하여 승리하며 오늘을 살아갈 수 있는 것입니다. 그래서 에베소서 5장 8절은 이렇게 기록합니다. "너희가 전에는 어둠이더니 이제는 주 안에서 빛이라 빛의 자녀들처럼 행하라." '이제는'과 '전에는'이 구별되고 대조됩니다. 각자 생각해 보시기 바랍니다. 예수 믿기 전과 후, 거듭나기 전과 후는 완전히 대조되고 구별됩니다. 그런데 이것을 망각하면 이전의 삶으로 끌려갈 수밖에 없습니다.

'이제'와 '이전'이 구별이 안 되는데 문제가 있습니다. 어둠과 빛이 어떻게 하나가 될 수 있습니까? 구별되며 대조되어야 합니다. 그래야 하나님의 자녀로 이 땅에서 온전히 하나님께 영광 돌리는 삶을 살아갈 수 있는 것입니다.

한 국회의원이 선거에 출마하게 되었는데, 이 의원은 여당의 후보였습니다. 최근 사회적으로 민감한 사안에 대하여 한 기자가 이렇게 질문했습니다. "후보님께서는 이 문제에 대하여 찬성하십니까, 아니면 반대하십니까?" 그런데 이 문제에 찬성하자니 대통령에게 밉보일 것이 뻔하고, 반대하자니 표가 다 달아날 것 같아 대답하기가 참으로 난처했습니다. 그는 결국 깊이 생각한 다음 이렇게 답했습니다. "제 친구들 일부는 찬성합니다. 그리고 제 친구들 일부는 반대합니다. 저는 제 친구들 편입니다." 이것이 세상에 속한 사람의 모습입니다.

하나님의 자녀에게는 대조성과 구별성이 있습니다. 애매모호하지 않습니다. 세상에서 살지만, 세상에 속하지 않은 사람입니다. 우리는 하나님 나라의 자녀, 하나님의 백성입니다. 빛의 자녀입니다. 오직 하나님의 은혜로 말미암은 믿음으로 그런 존재가 되었습니다. 이런 의식 속에 명확한 하나님의 자녀다운 인생을 살아가게 되는 것입니다.

너희는 세상의 빛이다

오늘 성경에서 예수님께서 말씀하십니다. "너희는 세상의 빛이다." 예수님의 위대한 선포이며, 예수님의 잠언입니다. 너무나 유명한 잠언입니다. 그런데 이 짧은 잠언 속에 위대한 복음의 메시지가 충만하게 계시되어 있습니다. 항상 묵상하며, 이 말씀이 내 안에 성취되는 사람으로, 그리고 이 말씀의 증인으로 오늘을 살아가야 합니다. 먼저 "너희는"이라는 단어에 집중해 보시기 바랍니다. 예수님 당시에 이 말씀을 듣는 "너희는", 바로 제자들입니다. 그 제자들을 우리는 다 압니다. 너무나 평범한 사람들입니다. 제자들의 삶을 복음서의 내용에서 살펴보면, 때로는 평범한 것 그 이하이기도 합니다. 더욱이 별 볼일 없는 한 개인에 불과했습니다. 당시에 영향력을 끼치던 사람들이 아닙니다. 세상의 기준으로 보면 지식이 많은 것도 아닙니다. 권세가 많은 것도 아닙니다. 많은 소유를 가진 것도 아닙니다. 유명인도 아닙니다. 성공한 사람도, 영향력을 끼치는 사람도 아닙니다. 죄인입니다. 평균적인 도덕성에도 못 미치는 삶을 살았던 죄인들일 뿐입니다. 어부들입니다. 세리도 들어가 있었습니다. 그냥 평범한 사람들입니다. 그런 인생을 산 사람들입니다. 그런데 예수님께서 말씀하십니다. "너희는 세상의 빛이다." 참으로 충격적인 선언입니다.

성도 여러분, 여기서 "너희는"이라는 것은 모든 하나님의 자녀를 가리킵니다. 한번 생각해 보십시오. 나 같은 죄인이 세상의 빛이라고요? 이게 말이 됩니까? 감당할 수 있습니까? 이것은 하나님이 주신 복이고 은혜인데, 이 복을 누리며 사십니까? 감당할 만하십니까? 깊이 생각해야 합니다. 그러함에도 불구하고 예수님께서는 말씀하십니다. "너희는 세상의 빛이다." 이 말씀이 성취되어 평범한, 아니 평범하지도 못한 존재들이 빛의 존재로 빛의 사명을 감당하면서 초대교회가 나타납니다. 기독교가 태동하고, 복음의 역사가 오늘까지 지속됩니다.

성도 여러분, 나는 세상의 빛입니까? 깊이 생각해야 할 것입니다. 왜 예수님께서 이렇게 말씀하십니까? 성경의 답은 이것입니다. 하나님의 자녀들은 권세를 받았기 때문에 특별한 존재입니다. 또한 신적 성품인 산상수훈의 핵심인 팔복을, 그 팔복의 마음을 선물로 받았습니다. 더 나아가 하나님의 동역자로, 하나님의 뜻을 이루는 하나님의 자녀로 선택되었기에 특별한 존재입니다. 참으로 감사한 일입니다. "너희는 세상의 빛이다." 한마디로 세상에서 최상의 존재라는 것입니다. 최상의 인생을 살아가는 사람이라는 것입니다. 오늘도 하나님의 자녀를 향하여 말씀하십니다. "너희는 세상의 빛이다." 항상 묵상하며 오늘을 살아가야 합니다.

세상의 소금이라는 말씀은 존재를 강조합니다. 그래서 내적 변화, 상태를 강조하는 말씀입니다. 그리고 세상의 빛이라는 것은 보다 적극적 차원으로 외적인 변화, 외적인 상태를 말합니다. 존재와 함께 그 존재의 인생 자체를 말합니다. 쉽게 말하면, 사람에게 보이는 인생을 뜻합니다. 여기서 빛은 태양 빛이나 인공적인 빛이 아닙니다. 영적인 빛을 의미합니다. "너희는 세상의 빛이다." 성도 여러분, 이것을 한낱 우리를 격려하고 위로하는 말씀으로 받아들이면 안 됩니다. 이건 하나님의 말씀이요, 선포요, 사건입니다. 반드시 성취되는 말씀입니다. 성취되어야 하나님의 자녀답게 살아갈 수 있습니다. 하나님이 주신 복입니다. 항상 묵상하며, 이 짧은 잠언 속에 나타난 복음의 계시를 깨닫고 집중함으로 이 말씀의 실천자로 살아가야 합니다. 이 말씀이 사건으로 임하는 인생을 살아가야 합니다. 왜냐하면 산상수훈의 핵심이 팔복인데, 그 팔복의 적용으로 주신 말씀이기 때문입니다. 모든 하나님의 자녀를 통해서 오늘도 말씀하십니다. "너희는 세상의 빛이다." 이 잠언 속에 나타난 말씀, 그 의미에 귀를 기울여야 합니다.

먼저, 세상은 어둠이라는 것을 암시합니다. 어둠이 아니면, 세상의 빛이 될 필요가 없습니다. 하나님의 의의 기준에서, 하나님의 판단에서 세상은 어둠입니다. 암흑입니다. 패악한 세대입니다. 하나님은 없다고 말하고, 하나님을 경외하지 않습니다. 하나님의 진노와 심판 아래에 있습니다. 그리고 세상에 속한 사람은 죄의 종으로 살아갑니다. 죄의 권세 아래에 놓여 있습니다. 이런 상황에서 세상의 빛이라고 주께서 말씀하십니다. 그러므로 우리는 세상을 살아가는 동안에 이 세상이 어둠이라는 것을 잊어서는 안 됩니다. 하나님 나라와 세상, 이 대조성과 구별성을 항상 인식해야 합니다. 우리는 세상에 사나 세상에 속한 자가 아닙니다. "너희는 세상의 빛이다." 주께서 말씀하셨습니다.

세상의 차원이라는 것을 한번 생각해 보시기 바랍니다. 철학과 과학에 근거한 세상의 가치관들은 한마디로 이렇게 정의합니다. "지식은 빛이다." 이 세상의 어두움에서 벗어나는 길은 지식을 깨닫고, 지식을 습득하는 것이라고 말합니다. 그래서 세상의 모든 교육은 계몽에 초점을 맞춥니다. 교육입니다. 여러분도 그 교육의 혜택을 본 것 아닙니까? 어렸을 때 열심히 공부한 것은 어두운 세상에서 벗어나기 위해서였습니다. 그러니까 지식적 관점에서 보면, 세상은 딱 둘로 나뉩니다. 지식이 있는 자와 없는 자, 계몽한 자와 아닌 자, 문화적으로는 미개인과 문명인으로 나눌 수 있습니다. 이것들이 다 지식의 관점에서 얘기하는 것입니다. 이 지식을 통하여 계몽되어서, 개선하고 발전해서 많은 새로운 유익이 나타난 것은 사실입니다. 삶이 편해졌습니다. 수명도 길어졌습니다. 그렇다고 어둠이 물러난 것이 아닙니다. 어둠은 더 깊어졌습니다. 그 지식으로 인하여 오히려 인간은 더 비인간화되고, 하나님의 형상에 대한 관심도 없어졌습니다. 다만 세상에서 잘 먹고 잘 살고, 유명해지고, 성공하는 데 초점이 맞추어져 있습니다. 이기적인 탐심과 정욕이 점점 극대화되어 가고 있는 것을 우리가 봅니다. 어둠입니다. 잊어서는 안 됩니다. 그러므로 세상의 지식과 가치관을 깨닫고 배움으로 어떻게 된 것입니까? 인간은 점점 속고 사는 인생이 되었습니다. 이처럼 세상에 속해 영적 무지와 무감각 속에 살아갑니다.

더욱 심각한 문제는 그럼에도 아직 이 세상이 어둠인지 모릅니다. 심지어 그리스도인조차도 어둠인지 모릅니다. 정말 영적인 무지입니다. 그런데 예수님께서 말씀하십니다. "너희는 다른 존재다. 세상의 빛이다." 왜 그렇습니까? 하나님의 부르심을 받았기 때문입니다. 영적으로 깨어졌습니다. 오직 은혜의 복음을 믿음으로 눈이 열렸습니다. 마음이 열렸습니다. 그런데 예수 그리스도를 영접하고 보니, 이제는 보입니다. 세상이 어둠이었고, 그 어둠 속에서 속고 살았다는 것이 보입니다. 하나님의 나라가 있고, 하나님의 주권과 통치가 있고, 복음의 역사가 있는데 그것을 모르고 살았습니다. 하지만 이제는 알았습니다. 주께서 말씀하십니다. "너희는 세상의 빛이다. 이것을 잊지 말라."

전에는 세상이 어둠인지 몰랐고, 죄의 종인지 몰랐습니다. 하나님의 심판과 진노 아래 살아가는지 몰랐습니다. 사탄의 역사 속에 살았는지 몰랐고, 속고 사는지도 몰랐습니다. 그런데 하나님의 자녀는 이제 예수 그리스도 안에서 알았습니다. 완전히 대조됩니다. 이것을 잊고 살 때는 하나님의 자녀로 살아갈 수가 없었습니다. 하지만 이제는 이 은혜 속에서 승리하며 살아가게 됩니다. 다시 말씀드립니다. 구별된 존재입니다. 하나님의 자녀는 완전히 구별된, 세상 사람이나 불신자와는 대조된 정체성으로 새사람이 되었다는 것을 기억해야 합니다. 이제 한번 스스로 질문해 보십시오. 내가 어떻게 그렇게 된 것입니까? 이 깨달음은 어디서부터 온 것입니까? 너무나 간단합니다. 세상 지식이 아닙니다. 대학을 졸업하고, 석사와 박사 학위를 받았다고 해도 점점 어둠 속으로 들어갈 뿐이지, 영적 깨달음이 없습니다. 이 놀라운 깨달음은 오직 하나님의 복음을 믿음으로, 오직 예수 그리스도 안에 있습니다. 그래서 주께서 말씀하십니다. "너희는 세상의 빛이다."

빛이신 예수 그리스도

"전도의 미련한 것"이라는 구절은 고린도전서 1장 21절에 있는 하나님의 말씀입니다. 우리가 복음을 전하는데, 이것이 미련한 것이라는 말입니다. 세상 사람들이 세상의 철학과 과학과 사상과 종교에서 볼 때는 미련한 것입니다. 정말 미련한 것입니다. 한번 생각해 볼까요? 어떻게 하나님이 인간이 됩니까? 말도 안 됩니다. 거기에 하나님이신 인간이 고난을 받으시고 십자가에 죽으셨다고 하니, 이건 더 말이 안 됩니다. 하나님이 뭐가 답답하셔서 인간이 되시며, 십자가에서 죽으신 것입니까? 조롱거리가 되시고, 피 흘려 죽으실 이유가 무엇입니까? 예수님은 신적 능력을 가지셨습니다. 오병이어의 기적을 일으키시고, 바다를 잠잠하게 하셨습니다. 모든 세상 문제를 해결하실 수 있는 분이 뭐가 답답하셔서 인간이 되시고, 십자가에 죽으십니까? 세상의 지식으로는, 철학으로는, 종교적 관점으로는 미련한 짓입니다. 성경은 전도의 미련한 것이라고 말씀합니다. 그런데 그 십자가의 복음을 믿는 사람은 믿어질 수 없는 것이 믿어집니다. 믿는 사람에게는 구원의 능력이요, 하나님의 지혜와 완전한 진리입니다. 그것을 믿기에 지금 이 자리에서 예배드립니다. 그래서 주께서 말씀하십니다. "너희는 세상의 빛이다."

윌리엄 홀먼 헌트가 그린 <세상의 빛>(*The light of the world*)이라는 유명한 작품이 있습니다. 우리가 쉽게 볼 수 있는 성화입니다. 어두운 밤에 한 사람이 램프를 들고 문밖에 서 있습니다. 그림을 보면 오랫동안 굳게 닫힌 문인 것을 알 수 있습니다. 문밖에 넝쿨이 제멋대로 늘어져 있기 때문입니다. 한 사람이 오랫동안 열리지 않은 문 앞에 서 있습니다. 그리고 자세히 보면 문에 손잡이가 없습니다. 다시 말해 문을 열 수가 없습니다. 손잡이가 문안에만 있기 때문으로, 그 상태에서 한 사람이 문밖에 서 있습니다. 이 그림이 유명한 것은 빛으로 오신 예수 그리스도가 지금 이 세상에 오셨는데, 세상의 불신자들이 마음의 문을 닫고 열지 않는 상태를 암시하기 때문입니다. 그런데 하나님의 자녀는 영접했습니다. 이 모든 것이 하나님의 부르심이요, 선택이요, 은혜라는 것을 우리는 압니다. 그래서 예수님께서 말씀하십니다. "너희는 특별한 존재다. 이 어두운 세상에서 최상의 존재로 창조된 새사람이다. 너희는 세상의 빛이다." 항상 기억해야 합니다.

그리고 성경 전체에서 보면, 세상의 빛은 예수 그리스도 한 분입니다. 주께서 말씀하십니다. "나는 세상의 빛이다." 세상의 구주로, 빛으로 오셨습니다. 그런데 빛이신 주께서 하찮고 평범한 우리를 향해 세상의 빛이라고 말씀하십니다. 이것은 어떻게 보면 모순입니다. 서로 부딪칩니다. 그러므로 항상 예수 그리스도와 우리가 세상의 빛이라는 말씀을 함께 묵상하고 생각해야 합니다. 이것을 별개로 나누면 이단이 되고 맙니다. 한낱 종교인이 되고 맙니다. 항상 연결해야 합니다. 왜 그렇습니까? 성경 전체는 오직 예수 그리스도만이 세상의 빛이라고 말씀하시기 때문입니다. 즉 예수 그리스도 안에서만 우리가 세상의 빛이 될 수 있는 것입니다. 예수 그리스도와 연관성이 있습니다. 예수 그리스도 밖에서 우리는 옛사람입니다. 새사람이 아닙니다. 그러니 예수 그리스도 안에서 바른 관계를 맺어야만 세상의 빛인 것입니다. 요한복음 8장 12절에 주께서 말씀하십니다. "예수께서 또 말씀하여 이르시되 나는 세상의 빛이니 나를 따르는 자는 어둠에 다니지 아니하고 생명의 빛을 얻으리라." 나는 세상의 빛이니 나를 따르는 자는 세상의 빛이라는 말씀입니다.

성도 여러분, 세상의 빛이라는 것을 믿는다고 하면서 도무지 예수님을 따르지 않는다면, 예수님의 마음과 지식과 생각을 본받기를 갈망하지 않는다면, 예수님께 순종하지 않는다면, 어떻게 빛이라고 말할 수 있겠습니까? 오늘 성경에서 보면, 그것은 빛을 덮어놓은 것과 같습니다. 바로 내가 하나님의 영광을, 그리스도의 영광을 가로막는 장애물이 된 것입니다. 그래서 예수 그리스도를 따르는 자에게만, 그리스도와 연합한 자에게만 세상의 빛이라는 이 말씀을 주시는 것입니다. 모든 하나님의 자녀는 예수 그리스도를 주로 고백합니다. 2천 년 전의 주가 아닙니다. 살아계신 구주로 영접합니다. 예수님이 나의 주가 되실 때, 우리는 세상의 빛으로 살아가게 됩니다. 그런데 주가 되시지 못하면 내가 내 삶의 주인이 됩니다. 그것은 옛사람의 본성 때문입니다. 예수님이 나의 주가 되시면, 새사람의 본성으로 세상의 빛이 되는 것입니다. 목회자든 선교사든, 교회에서 어떤 직분을 가졌든 그런 것으로 빛을 내는 발광체가 될 수는 없습니다. 우리는 다 죄인입니다. 자체적으로 빛을 낼 수 없습니다. 그럼에도 그럴 수 있다고 생각한다면, 그는 바리새인입니다. 종교인입니다. 오직 예수 그리스도가 내게 주가 되실 때만, 예수 그리스도가 나타납니다. 예수 그리스도의 증인으로 살아가게 됩니다. 세상의 빛은 오직, 예수 그리스도라는 사실을 항상 기억해야 합니다.

그리고 우리가 세상의 빛으로 권세 있는 삶을 살아가면 높임과 칭찬을 받으면서 무슨 일이든지 형통해야 할 것 같은데, 주께서 말씀하십니다. 성경 전체가 우리에게 예고하고 있습니다. "박해가 있을 것이다. 시련이 있고 장애물이 있을 것이다." 산상수훈의 마지막에 그 말씀을 주십니다. "너희를 오히려 욕하고, 나로 인하여 너희가 박해를 받을 것이다." 왜 그렇습니까? 세상이 어둠이기 때문입니다. 예수님이 왜 십자가에 죽으십니까? 그 이유도 세상이 어둠이기 때문입니다. 세상에 속고 살면서도 무지하기에 예수님을 십자가에서 못 박게 됩니다. 어둠과 빛을 나타내는 계시적인 사건이 십자가의 사건임을 기억해야 합니다. 세상은 항상 어둠을 사랑합니다. 인간은 어둠을 더 사랑합니다. 그래서 예수님을 거부합니다. 그리고 박해하고, 조롱하고, 무시하고, 핍박합니다. 그런데 이 잠언 속에 심판이 암시되어 있습니다. 빛이 나타나면 어둠은 제거됩니다. 빛이 충만할수록 어둠은 소멸됩니다. 하나님의 심판입니다. 의의 심판, 빛의 심판이 있었고, 있고, 그리고 있을 것입니다.

세상의 빛으로 살아가는 그리스도인

성도 여러분, 너희는 세상의 빛이라는 말씀을 어떻게 실천해야 하는 것입니까? 이 메시지를 구체적으로 어떻게 실천하고 적용하며 살아가는 것이 세상의 빛 된 인생입니까? 최소한 세 가지를 우리는 기억해야 합니다. 아주 간단한 것입니다. 빛을 생각해 보십시오. 빛은 어둠을 노출시킵니다. 어둠을 드러내 줍니다. 다 어두우면 어둠 자체를 모릅니다. 빛이 있기 때문에 어둠을 아는 것입니다. 하나님의 자녀는 어둠을 노출시켜야 합니다. 죄에 대해서, 사탄에 대해서, 세상에 대해서 노출시킬 책임이 있습니다. 그런데 입을 다물고 있습니다. '내가 이 얘기 하면 미쳤다고 할 텐데, 나를 비이성적인 사람이라고 생각할 텐데' 하는 불안한 마음이 많습니다. 다시 기도해 보십시오. 정말 내가 세상의 빛인지, 하나님의 자녀인지 말입니다. 노출시켜야 되는 것입니다. 복음의 역사로 어둠을 노출시켜야 합니다. 이것이 내 삶의 체험으로 나타나야 합니다. 이전과 이후의 삶이 대조되고, 구별되어야 합니다. 하나님의 자녀로 살기 이전의 불신자였던 때의 모습이 노출되어야 합니다. 모든 사람이 이전에는 불신자, 어둠의 상태로 있기 때문에, 그 과거를 인정하고 노출시킬 때 비로소 사명에 충실한 인생을 살아가게 되기 때문입니다.

또 하나는 어둠의 상태의 원인과 결과를 알게 해줘야 합니다. 왜 그렇습니까? 세상 사람들은 모릅니다. 철학자도, 종교 창시자도 모릅니다. 어둠에 있기 때문입니다. 왜 독생자 예수님께서 세상에 오셨습니까? 어둠을 깨기 위해서 오신 것입니다. 왜 십자가에 죽으셨는지 알려줘야 합니다. 무엇보다도 세상의 모든 불행과 비극, 세상에 있는 모든 재난과 전쟁과 폭력과 끊임없이 충돌하는 대결 상황, 불경건과 불의, 불평등과 부조리 등, 왜 이 모양 이 꼴인지 알려줘야 합니다. 그것은 죄 때문입니다. 죄의 결과입니다. 사탄의 역사입니다. 듣든지 안 듣든지 알려줘야 합니다. 그것이 빛의 자녀의 소명입니다. 무엇보다도 구원의 길을 알려줘야 합니다. 어떻게 해야 어둠에서 벗어나는지 내 체험을 통해서 알려줘야 합니다. 예수 그리스도로 인해 '전에는' 어둠이었지만 '이제는' 빛이라는 구별성과 대조성을 내 체험과 언어로 증언해야 합니다. 분명히 나는 미천한 죄인이지만, 주께서 나를 향하여 세상의 빛이라고 말씀하셨고 또 천국 백성이자 천국의 상속자인 하나님의 자녀라고 명하셨음을 믿고 확신하며 이 은혜 속에 살아간다는 것을 알려줘야 합니다. 오직 하나님의 은혜로, 예수 그리스도의 십자가 보혈로 어둠에서 벗어날 수 있다는 것을 전해 줘야 합니다.

어떤 화가가 그림을 그렸습니다. 한밤중에 작은 배가 바다를 가로지르고 있었습니다. 그런데 엄청난 파도가 몰려오고, 순식간에 배가 뒤집히고 파손될 것 같습니다. 그럼에도 항해자는 먼 하늘, 깜깜한 밤하늘에 또렷이 빛나는 별 하나를 보고 있습니다. 북극성입니다. 그리고 그림 밑에 이런 글귀가 있습니다. "내가 저 별을 잃어버린다면 나를 잃어버린다."

하나님의 자녀는 오직 예수 그리스도 안에 살고, 예수 그리스도의 복음을 믿음으로 하나님의 자녀가 되었습니다. 이것이 명백합니다. 예수 그리스도를 따르지 않으면 다시 옛사람으로 돌아가고, 세상 중심의 삶을 살아갈 수밖에 없는 존재입니다. 예수 그리스도와 함께하지 않으면 모든 걸 잃어버립니다.

성도 여러분, 오직 예수 그리스도 안에서만 우리는 세상의 빛입니다. 오직 예수 그리스도 안에서만 영적인 눈을 뜨게 됩니다. 성령의 역사 가운데 '전에는'과 '이제는'이 대조되며, 구별되어 보이기 시작합니다. 안 보였던 세계가 보입니다. 세상은 어둠입니다. 하나님을 경외하는 자가 없고, 하나님께 순종하는 자가 없습니다. 하나님은 없다고 말하고, 하나님의 말씀에 불순종하며 이기적인 탐심과 정욕으로 살아가는 이 모든 것이 드러날 것입니다. 그리고 동시에 복음의 역사가 보입니다. 예수 그리스도의 복음의 역사가 보이고, 그 속에 내가 있음을 보고, 내 안에 복음의 은혜와 복이 나타났음을 보는 것입니다. 성령의 역사 가운데 영적인 눈을 뜨고 빛 되신 예수 그리스도를 바라보며, 오직 그리스도만을 소망하며 그리스도의 증인으로 살아가게 됩니다. 그 순간 육의 생각은 없어지고, 영의 생각에 이끌려 살아가게 됩니다. 비로소 하나님의 자녀답게 살아가게 됩니다. 그리고 내게 계속해서 주의 말씀이 들려올 것입니다. "너희는 세상의 빛이라."

† 기도

창조주이시며 거룩하신 하나님 아버지. 하나님이 보시기에 하나님의 의의 판단 속에 미천한 죄인이요, 진노의 자녀요, 구제 불능한 어리석은 죄인이건만, 나 같은 죄인을 하나님께서 부르시고, 택하시고, 하나님의 은혜로 충만케 하시어, 더욱이 하나님의 복음을 듣고 믿게 하시어, 이제는 전과 다른 구별된 정체성을 가지고 대조성 있는 삶의 의식 속에 오직 하나님께 영광 돌리는 빛의 자녀로 살게 하여 주심을 진심으로 감사드립니다. 그러나 또다시 세상에서 살아가는 동안 빛과 소금의 존재와 사명을 받은 자임을 망각하며, 부지불식간에 옛사람의 본성에 이끌려 살아가는 미천한 죄인을 불쌍히 여겨주옵소서. 나의 주 성령이시여, 날마다 성령 충만함을 받아 영의 생각에 이끌리어 오직 예수 그리스도의 사람으로, 그리스도의 증인으로 살며, 복음의 생각에 이끌리어 하나님의 이름을 영화롭게 하며, 하나님 나라의 복음을 권세 있게 나타내는 승리의 삶을 살아갈 수 있도록 지켜주옵소서. 우리 주 예수 그리스도의 이름으로 간절히 기도드리옵나이다. 아멘.

3장

눈은 눈으로 이는 이로

03 | 눈은 눈으로 이는 이로

또 눈은 눈으로, 이는 이로 갚으라 하였다는 것을 너희가 들었으나 나는 너희에게 이르노니 악한 자를 대적하지 말라 누구든지 네 오른편 뺨을 치거든 왼편도 돌려 대며 또 너를 고발하여 속옷을 가지고자 하는 자에게 겉옷까지도 가지게 하며 또 누구든지 너로 억지로 오 리를 가게 하거든 그 사람과 십 리를 동행하고 네게 구하는 자에게 주며 네게 꾸고자 하는 자에게 거절하지 말라

(마태복음 5:38-42)

아메리카 인디언 출신의 작가 오이예사가 쓴 『삶이란 바람 소리일 뿐이다』*(The Soul of the Indian)*라는 책에 나오는 교훈적인 이야기를 소개하겠습니다. 인디언이 곰을 잡는 방법은 원시적인 형태입니다. 우선 커다란 돌멩이에 꿀을 바르고, 그 돌멩이를 밧줄로 나무에 매달아 놓습니다. 그것을 발견한 곰이 꿀을 먹기 위해 앞발을 들고 돌덩이를 잡으려 하면, 돌덩이가 곰의 앞발에 차여서 진자 운동을 하게 됩니다. 이때 앞으로 갔

던 돌이 뒤로 돌아오면서 곰을 때립니다. 화가 난 곰은 점점 더 세게 돌덩이를 치고, 돌은 더 큰 반동으로 곰을 후려칩니다. 결국 곰은 나가떨어지게 됩니다. 곰은 이처럼 폭력의 악순환을 중단시킬 방법을 모릅니다. 그저 욕구 충족을 위한 생각을 할 뿐입니다. '저놈이 나를 때렸겠다. 그러면 나도 본때를 보여 줘야지.' 곰의 분노는 결국 스스로를 죽게 만듭니다. 인디언들은 복수가 결국 자신을 죽인다는 것을 곰 사냥에서 배웁니다.

인디언들은 이렇게 말합니다. "눈먼 욕망은 갈등으로 이어진다. 눈먼 욕망은 언제나 자신을 파괴하고, 서로를 대립하게 만든다. 미움과 분노, 그리고 복수로 자신의 눈을 멀게 하지 말라. 고통 속에 있는 사람들은 땅에 살면서 땅의 참뜻을 이해하지 못한다. 땅은 모든 것을 베푼다. 베풀면서 다시 거둬들인다. 복수로 가득 찬 사람은 스스로를 고통스럽게 만든다. 그들의 생각은 쓰라림과 회한을 가득 담은 먹구름이다. 그들을 멀리하라." 깊이 생각해 보시기 바랍니다.

인간에게 있는 죄의 본성

성도 여러분, 모든 인간의 본능 속에 보복과 복수와 분노의 성향이 있다는 것을 항상 인식하며 살아가십니까? 누군가 내게 해를 가하면 즉각적으로 갚아주려는 본능이 우리 안에 있습니다. 경제적으로, 신체적으로, 도덕적으로 해를 입으면 그대로 복수하는 본능을 의미합니다. 때로는 더 큰 해를 주고 싶은 마음이 생기기도 합니다. 그것이 보복과 복수의 욕망입니다. 천진난만한 어린아이들에게도 이 본능이 있습니다. 그래서 친구가 한 대 때리면 꼭 그대로 갚아줍니다. 이것이 죄의 본성이라는 것입니다. 그래서 세상은 비난과 정죄와 다툼이 끊이지 않습니다. 폭력과 전쟁이 항상 있습니다. 그러므로 세상은 어둠이라고 성경은 선포합니다. 캄캄한 어둠과 죄의 권세 아래, 죄의 본능을 가지고 죄의 종으로 살아가기 때문입니다.

한 부부가 드라이브를 즐기던 중에 사소한 일로 말다툼을 했습니다. 그래서 서로 말하지도 않고 썰렁하게 집으로 돌아오는데, 창문 밖에 개 한 마리가 보였습니다. 남편이 아내에게 빈정대면서 말했습니다. "저기 당신 친척 있잖아. 아주 반가울 텐데. 인사나 좀 하지?" 아주 모욕적인 말입니다. 아내는 남편의 말이 떨어지자마자 그 개에게 큰소리로 이렇게 인사했답니다. "안녕하세요. 시아주버님." 성도 여러분, 이런 세상에 하나님께서 하나님의 율법을 주신 것입니다. 그것이 십계명입니다. 인류에게 주신 큰 선물입니다. 그 율법의 목적은 먼저, 죄를 깨닫게 하는 것입니다. 죄가 뭔지 모르는 이들에게 죄를 깨닫게 하여 내 안에 죄의 본성이 있다는 것을 알게 하기 위함입니다. 죄와 악을 방지하기 위해서 율법을 주신 것입니다. 더 나아가 어두운 세상에 정의를 구현하고, 질서 있는 사회를 만들기 위해서 율법을 주신 것입니다. 그리고 율법 안에 하나님의 뜻을 주셨습니다. 하나님의 판단에 대한 기준을 주셨습니다. 그 안에 하나님의 요구와 명령이 나타나 있습니다. 그 십계명을 요약하여 '이중 계명'이라고 합니다. "온 마음을 다하여 하나님을 사랑하고, 그리고 네 이웃을 네 몸과 같이 사랑하라." 이것이 하나님의 기준입니다.

그런데 인류가 이 율법을 거부합니다. 영접했다고 하더라도, 율법을 왜곡하고 악용하게 되었습니다. 그래서 이 율법을 율법주의로 만들어버렸습니다. 율법을 소유하거나 지킴으로 의롭게 될 수 있다고 믿게 된 것입니다. 그렇게 해서 하나님의 자녀가 되어 천국에 들어가고, 하나님의 백성이 됨으로 구원받았다는 잘못된 결론을 내리며 율법주의에 빠집니다. 그러면 항상 보상을 바라는 심리를 가지고 살아갈 수밖에 없습니다. 그리고 두려움 속에서 살아가게 됩니다. 하지만 율법을 지키는 것은 불가능합니다. 온 마음을 다하여 하나님을 사랑하고, 더욱이 이웃을 내 몸과 같이 사랑하라는 것을 항상 지킬 수 없습니다. 이것을 항상 기억해야 합니다. 왜 그렇습니까? 인간의 본성에 죄의 본능이 있기 때문입니다.

특별히 십계명 중에서 '이웃의 것을 탐하지 말라'는 계명처럼, 이 탐심은 죽을 때까지 없어지지 않습니다. 인간 안에 살아있습니다. 그래서 인간은 이기적인 탐심과 정욕에 이끌려 살아간다고 성경은 말씀합니다. 그럼에도 불구하고 자기는 명예롭고 도덕적이며 좋은 사람이라는 것을 좀 나타내고 싶은 욕망이 있습니다. 그 욕망으로 말미암아 위선적인 삶을 살아갑니다. 나는 율법을 지키는 좋은 사람이라는 나름의 기준을 스스로 만드는 것입니다. 그런데 하나님의 기준을 잃어버렸습니다. 무서운 죄입니다. 성도 여러분, 하나님의 율법의 목적은 죄를 깨닫게 하여 회개와 믿음으로 하나님께 돌아오게 하는 것입니다. 거기에 하나님의 뜻이 있다는 것을 잊어서는 안 됩니다.

오늘 본문에는 예수님께서 인용하신 잠언이 기록되어 있습니다. "눈은 눈으로, 이는 이로." 이것은 참으로 유명한 격언이며, 잠언입니다. 이것은 모세율법입니다. 하나님께 주신 십계명을 지키고 적용하기 위해 주신 하나님의 말씀입니다. 그래서 구약성경에 세 번이나 기록됩니다. 출애굽기 21장 24절, 레위기 24장 20절, 신명기 19장 21절입니다. "눈은 눈으로, 이는 이로." 다 아실 것입니다. 사실 이 말씀은 오늘날 세상 모든 법의 근간입니다. 공정이라는 게 무엇입니까? '눈은 눈으로'입니다. 정의라는 것이 무엇입니까? '이는 이로'입니다. 이것은 보복을 허용하는 형법 같지만, 그 안에는 공정이라는 것이 있습니다. 그래서 모든 법이 이 율법을 기준으로 형성됩니다. 오늘날 세상에는 물리적인 보복이나 보상이 아니라, 물질적인 보상으로 갚아주는 법이 있습니다.

죄의 본능을 억제시키려는 목적

"눈은 눈으로, 이는 이로." 이 율법의 의도가 무엇이며, 메시지가 무엇입니까? 이것을 항상 기억해야 합니다. 이것은 죄를 방지하기 위해서 주신 것입니다. 더 나아가서 분노와 보복과 복수의 폭력을 통제하기 위함입니다. 이것은 지금 보복하라고 주신 말씀이 아닙니다. 인간 안에 있는 죄의 본능을, 복수하고자 하는 본능을 억제하고 제거하기 위해서 주신 것입니다. 그것으로 말미암아 정의를 세우고, 질서를 확립하기 위해서 주신 것입니다. 얼마나 고마운 율법입니까! 그런데 이 율법의 메시지를 알지 못하고 인간이 악용하고 거부함으로 왜곡하는 것입니다. 그래서 당시나 오늘이나 세상에서 이것이 보복과 복수를 정당화하는 방편이 되어버렸습니다. '정의를 구현하려면 반드시 되갚아야 돼. 보복해야 돼. 눈에는 눈으로, 이는 이로.' 이러한 생각을 갖게 되면, 예를 들어 한일 관계는 절대 안 끝납니다. 만날 때마다 싸우고 비난하고 정죄할 수밖에 없습니다. 그런데도 그 당시에 이것을 하나님의 뜻으로 왜곡시켰습니다. '눈은 눈으로, 이는 이로'라는 것이 만연하여 사회정의와 질서로 악용되었습니다. 예수님께서도 그 시대에 사셨기에 이 모든 것을 보시고 경험하셨습니다.

한때 넷플릭스 1위 드라마였던 <더 글로리>를 보셨습니까? 세계 1위라고 해서 저도 좀 보았는데, 주제가 무엇입니까? 피의 복수입니다. '눈에는 눈'도 아닙니다. '눈에 더블(double) 눈'이라고 할 수 있습니다. 끝까지 조용하게 "연진아" 하면서, 아주 무섭게 복수하더라고요. 또 제가 이 드라마를 보게 된 것은 연진이 결혼식 촬영을 에덴낙원에서 했기 때문이었습니다. 그런 이유로 보게 되었는데, 마음에 안 듭니다. 사람들이 보복, 복수에서 카타르시스를 느낍니다. 내 안에 있는 죄의 본성, 그 본능을 드라마가 대리만족을 시켜주니까 기분 좋은 것입니다. 참으로 문제가 심각합니다. 그러고 보니 성공한 대다수의 영화나 드라마에는 보복, 복수가 있습니다. 그게 있어야 히트를 칩니다. 왜 그렇습니까? 인간의 본능이 작동해서 카타르시스를 느끼기 때문입니다. 이것은 죄의 본성입니다.

기원전 1,700년경에 바빌로니아 6대 왕인 함무라비가 제정한 '함무라비 법전'이 있습니다. 이 법에는 '눈에는 눈, 이에는 이'라는 동해복수법(同害復讐法)이 있습니다. 동일한 해를 입힐 수 있다는 법령입니다. 그런데 함무라비 법전 제일 처음에 이 법전을 만든 목적이 이렇게 기록되어 있습니다. "정의를 이 땅에 세워 악한 자들과 사악한 자들을 없애고, 약한 자들이 강자에게서 상해를 입지 않도록 하기 위함이다." 세상에서 불신자들이 만든 함무라비 법전은 정의를 위해서, 약한 자를 보호하기 위해서, 악한 자를 처벌하기 위해서 형법으로 만든 것입니다. 하물며 하나님의 율법은 거기에 비할 바가 아닙니다. 그런데 이것을 악용해서 개인적으로 보복하고, 자신이 한 복수를 정당화하며 이것이 정의라고 하니 참으로 심각한 문제입니다.

성도 여러분, 성경에 기록된 하나님의 말씀은 항상 말씀을 주신 하나님을 먼저 생각하며 해석해야 합니다. 하나님의 성품, 하나님의 의도, 하나님의 역사, 하나님의 생각이라는 관점에서 성경말씀을 해석해야 합니다. 그래야 그 안에서 하나님의 뜻이 나옵니다. 그런데 아무리 내가 좋아하는 말씀이라도 성경의 구조를 생각하지 않고, 그 한 구절을 별개로 취급하면 반드시 왜곡됩니다. 이것은 무서운 죄를 짓는 것입니다. 무엇보다도 문자적으로 해석하는 것은 심각한 잘못을 저지르게 됩니다.

  성경 전체에서 하나님은 두 관점으로 하나님을 알도록, 하나님을 아는 지식을 주셨습니다. 첫 번째가 은혜와 사랑이 충만하신 하나님입니다. 창조주 하나님은 그런 분이십니다. 만물을 창조하시고, 인간으로 하여금 다스리게 하셨습니다. 먹고사는 데 필요하도록, 생존을 위하여 주셨습니다. 은혜와 사랑이 충만하신 분입니다. 동시에 하나님은 진노하시며 심판하시는 하나님입니다. 왜 그렇습니까? 거룩하신 하나님이시기에 죄를 미워하시며, 끝까지 심판하십니다. 그런고로 최소한 은혜와 사랑 그리고 진노와 심판이라는 이 두 가지 하나님의 성품과 역사와 의도를 합하여, 하나님의 관점으로 성경말씀한 절 한 절을 묵상하며 해석해야 합니다. 한쪽 면으로 쏠리면 다 왜곡되고 맙니다. 이것을 항상 기억해야 합니다.

눈은 눈으로, 이는 이로

"눈은 눈으로, 이는 이로." 이 말씀의 메시지는 먼저 공정입니다. 의로우신 하나님께서 공정하게 판단하라고 주신 말씀입니다. 아무리 억울한 일이 있어도 눈에는 눈이지, 그 이상이면 안 됩니다. 이에는 이, 딱 그만큼이어야 합니다. 그런데 인간에게는 더 큰 피해를 주고자 하는 본성이 있습니다. 특히 당시 고대사회에서 한 부족에서 다른 부족의 족장의 아들이라든지, 중요한 어떤 사람을 해쳤다고 한번 생각해 보십시오. 그 일로 힘만 있으면 반대쪽 부족을 싹 전멸시켰습니다. 아주 흔한 일입니다. 그래서 이런 짓을 하지 말라는 것입니다.

'눈은 눈으로, 이는 이로', 이것은 공정을 이야기하는 것입니다. 의도를 잃으면 안 됩니다. 그러므로 이웃에게 해를 끼치지 말라는 것이지요. 이웃의 관점으로 생각해 보라는 것입니다. 즉 악을 방지하고자 하는 목적입니다. 무엇보다 중요한 것은 이 말씀이 개인적인 보복이나 복수를 하라고 정당화시킨 말쏨이 아니라는 것입니다. 이 말씀은 재판관에게 준 것입니다. 법정에서 이렇게 재판하라고 하나님께서 주신 하나님의 말씀입니다. 이것은 공적 재판에 해당하는 것인데, 이것을 악용해서 사적인 복수의 정당화와 보복의 수단으로 활용하는 세상이 되어버렸습니다. 하나님의 말씀을, 율법을 왜곡한 것입니다. 무서운 죄입니다.

하루는 소크라테스가 길을 가다가 한 사람이 나타나 몽둥이를 휘둘렀다고 합니다. 몽둥이에 맞고 쓰러졌는데, 친구가 그를 일으키며 이렇게 말했습니다. "저 폭력을 휘두른 놈을 반드시 잡아서 보복하자. 그래야 정의가 이루어지지." 철학자 소크라테스는 흙 묻은 옷을 털면서 조용히 이렇게 말했답니다. "그만두게나. 당나귀에게 차였다고 당나귀에게 복수할 수는 없지 않나." 이 세상의 법이나 철학도 개인적인 보복과 복수는 금하고 있습니다. 하물며 하나님께서 주신 율법이 그것을 허락할 리가 없습니다. 이 모든 것을 아시고, 예수님께서 말씀하십니다. "또 눈은 눈으로, 이는 이로 갚으라 하였다는 것을 너희가 들었으나."

여기서 한번 생각해 보십시오. 지금 예수님께서 청중을 향해 말씀하십니다. 청중의 상황, 시대 상황을 아십니다. 누군가는 함무라비 법전을 통해서 '눈에는 눈, 이에는 이로'라는 법령을 알았겠지요. 또는 구약성경을 읽으면서 하나님의 율법으로 이 말씀을 들었을 것입니다. 그리고 그 당시 대제사장과 서기관과 바리새인을 통해서, 종교지도자들로부터 하나님의 말씀을 들었을 것입니다. 하지만 본래의 뜻과 다른 왜곡시킨 말을 듣거나, 스스로 왜곡해서 들은 것입니다. 그처럼 개인적인 보복과 복수에 '눈은 눈으로, 이는 이로'라는 말씀을 이용하던 시대에 예수님께서 옳은 뜻을 말씀해 주셨습니다. 예수님께서 먼저 "너희가 들었으나"라고 하시고, 그리고 39절에서 말씀하십니다. "나는 너희에게 이르노니 악한 자를 대적하지 말라 누구든지 네 오른뺨을 치거든 왼편도 돌려대라."

성도 여러분, 이 말씀이 '눈은 눈으로, 이는 이로'에 대한 예수님의 해석입니다. 이것이 하나님의 의도요, 하나님의 뜻이요, 하나님의 메시지입니다. 그러므로 성경, 특별히 구약성경에서 율법에 대한 해석을 항상 예수 그리스도 안에서 복음으로 해석해야 합니다. 진노와 심판에서만 해석하는 것이 아니라, 동시에 은혜와 사랑을 생각하며 복음으로 해석해야 하나님의 뜻을 분별하고, 메시지를 받아들일 수 있습니다. 한쪽 관점에서만 보면 반드시 왜곡됩니다.

다시 생각해 보십시오. 함무라비 법전에서 '눈에는 눈, 이에는 이로'는 도덕적으로 정의를 구현하고 악을 방지하는 훌륭한 법입니다. 인간이 만든 법이지만, 훌륭합니다. 그러나 하나님의 말씀은 어떻겠습니까? 하나님의 율법은 그것과 비교할 수 없습니다. 그 이상입니다. 그 안에 엄청난 메시지가 기록되어 있습니다. 그래서 47절에서 예수님께서는 이렇게 말씀하십니다. "남보다 더한 것이 무엇이냐 이방인들도 이같이 아니하느냐." 즉 이것은 이런 말씀을 하시는 것입니다. "너희에게 해를 끼친 사람에게 그만큼의 해를 갚는다고, 눈에는 눈으로 또 이에는 이로 갚는다고 뭐가 더 나아지겠느냐? 하나님의 자녀다움이 전혀 없지 않느냐? 세상 사람도 그렇게 하는데, 너희가 하나님의 자녀가 되어서 그것으로 만족해서야 되겠느냐? 그것은 하나님의 뜻이 아니다." 그래서 주께서 말씀하십니다. "나는 너희에게 이르노니."

여기서 "너희는"은 누구를 가리킵니까? 팔복을 받은 사람입니다. 하나님의 은혜를 받은 사람입니다. 하나님의 자녀가 된 사람, 새사람이 된 사람입니다. "너희는 세상의 소금이다, 빛이다" 하시는 말씀을 듣고, "아멘" 한 사람들입니다. 하나님께 속한 자요, 영생을 소유한 자입니다. "너희는 다르다. 너희는 그런 말씀을 들었으나, 내가 너희에게 말한다. 너희는 세상에서 가장 귀중한 하나님의 사람이다. 그러므로 구별되는, 대조되는 존재 의식을 가지고 다른 인생을 살아가야 하지 않느냐!" 이 의도가 깔려 있습니다.

악한 자를 대적하지 말라

그리고 말씀하십니다. "악한 자를 대적하지 말라." 항상 기억하십시오. 다시 말해서, '눈에는 눈, 이에는 이로'라는 말씀의 재해석이 바로 이것입니다. "악한 자를 대적하지 말라. 내게 해를 끼친 자를 대적하지 말라. 비난을 받는다고 비난하고, 정죄를 당한다고 정죄하고, 해를 입었다고 해를 갚는 본능을 억제하라." 실제로 이런 모습이 우리 안에 있습니다. 하나님의 자녀라도, 저에게도 항상 있습니다. 이것을 억제하라고, 악한 자를 대적하지 말라고 하십니다. 성도 여러분, 이 말씀은 오직 하나님의 자녀만이 이룰 수 있는 것입니다. 불신앙의 사람들은 절대 이룰 수 없습니다. 왜 그렇습니까? 본성이 끌어가니까, 내 안의 본능이 나를 끌어가니까 그 가운데 마음의 병을 얻습니다. 그러나 하나님의 사람은 다릅니다. 왜 그렇습니까? 새로운 성품과 마음을 받았기 때문입니다. 팔복의 마음을 받았습니다. 이제는 그 은혜로, 그 거룩한 성품으로 죄의 본능을 억제할 수 있게 된 것입니다. 무엇보다 성령의 능력과 통제 안에서만 이 말씀을 지킬 수 있습니다. "악한 자를 대적하지 말라." 그런데 이것도 문자적으로 해석하면 안 됩니다. 항상 모든 성경말씀은 영적 해석을 해야 합니다. "악한 자를 대적하지 말라." 여기에 딱 매여, 실제로 잘못된 신앙생활을 하는 사람이 많습니다. 악은 방치하거나, 무시하라는 것으로 생각하는 것입니다. 하지만 그것은 하나님의 의도가 아닙니다. 그런데 아주 편협한 해석을 하며 '그래? 악한 자를 대적하지 말라고 하니, 그렇다면 경찰이 되면 안 되겠네. 나라에서 경찰을 세우면 안 되겠네. 군대도 만들면 안 되고, 군대 가면 안 되겠네'라며 이상한 집단생활이나 종교생활을 하는 사람이 있습니다. 이것은 그런 말씀이 아닙니다.

이 말씀의 소극적인 의미는 사적인 복수와 보복을 하지 말라는 것입니다. 사적인 보복과 복수의 본능이 우리에게 있으니, 그것을 제거하라는 것입니다. 죄의 본성을 제거하고, 자아를 깨뜨리며, 그리고 더 나아가 너희가 누구인지를 생각하라는 것입니다. '너희는 세상의 소금과 빛이다. 팔복의 마음을 받은 자다. 하나님의 은혜와 사랑을 충만하게 받은 자다. 십자가의 복음을 생각하라'는 말씀입니다. 그래서 "이 세상에서 구별되게 하나님의 자녀답게 살아라. 똑같이 행동하지 말라" 하시며, 44절에서는 주께서 이렇게 말씀하십니다. "네 원수를 사랑하라." 원수사랑이 바로 여기서 나오는 말씀입니다. 그리고 "그들을 위하여 기도하라", 한마디로 온유하고 화평케 하는 사람으로 긍휼을 베풀라는 것입니다. 그래야 복을 받는다고 하십니다. 항상 기억해야 합니다.

네 오른편 뺨을 치거든 왼편도 돌려대라

그리고 잊지 말도록 예수님께서 잠언을 하나 또 말씀하십니다. "누구든지 네 오른편 뺨을 치거든 왼편도 돌려대라." 이것을 문자적으로 해석하면 어떻게 되겠습니까? 악한 사람이 나에게 해를 끼쳤는데, 이번에는 반대쪽도 때리게 하라는 말입니다. 하지만 그러면 한 대 더 맞습니다. 더 악해져서 죽이려고 들 것입니다. 이것은 그런 이야기가 아닙니다. 메시지에 귀를 기울여야 합니다. 실제로 예수님께서 요한복음 18장에 보면, 대제사장 안나스에게 끌려가십니다. 그때 상황이 자세히 기록되어 있는데, 그의 부하가 예수님을 칩니다. 아무래도 뺨을 때린 것 같습니다. 그때 예수님께서 "이쪽도 때려라" 말씀하지 않으셨습니다. 예수님께서는 "내 말에 거짓이 있느냐? 네가 왜 나를 치느냐?" 하셨습니다. 다시 말해 중요한 건 진리라고, 진리 안에서 또 하나님 앞에서 생각하라고 하시며 어찌하여 네가 나를 치느냐고 말씀하신 것입니다. 그러므로 사적 보복을 하지 말라고, 보복하고자 하는 본능을 억제하라고, 자아를 깨트리라고 하신 말씀입니다.

그리고 다시 깊이 생각하라는 것입니다. 내가 누구인지를 말이지요. 우리는 하나님의 자녀로 살아계신 하나님을 믿으니, 이 모든 상황을 하나님께서 알고 계시다는 것을 생각하라는 것입니다. 그리고 마땅히 해야 할 일을 하라는 것입니다. 성령께서 죄의 본능을 통제해 주시며, 보복하고 복수하고자 하는 본능을 제거하십니다. 그래서 영의 생각에 이끌리어 예수 그리스도께 집중하며, 그리스도 안에 나타난 하나님의 은혜와 사랑을 생각하면서 은혜와 사랑의 응답으로 행동하게 하십니다. 팔복을 다시 생각해 보십시오. "온유한 자가 복이 있도다. 긍휼히 여기는 자가 복이 있도다. 화평케 하는 자가 복이 있도다." 그 복을 받고 사는 사람이 하나님의 자녀입니다. 그래야 땅을 유업으로 받을 것이요, 긍휼히 여김을 받을 것이요, 하나님의 자녀라 일컬음을 받을 것이라고 말씀하십니다. 우리에게 필요한 것은 하나님께서 주시는 복입니다. 그 복을 누리며 체험하는 인생을 살도록 내게 주신 하나님의 은총과 복을 기억하라고 말씀하십니다.

하나님의 사람 링컨에게는 스티븐 더글러스라는 정적이 있었습니다. 어느 날, 그가 링컨을 깔보며 청중 앞에서 비아냥거리면서 이런 이야기를 했습니다. "이 사람 링컨은 아주 교활하고 부도덕하여 두 얼굴을 가진 이중인격자입니다." 참으로 모욕적인 이야기입니다. 그러나 링컨은 차분하게 웃으며 응수했습니다. "여러분, 만일 제가 또 하나의 얼굴을 가졌다면, 이런 중요한 날 이 얼굴로 자리에 나왔겠습니까?" 사실 더글러스의 이야기를 들으면 안에서 부글부글 끓을 수밖에 없습니다. 아니라고 말하며 싸우고 싶고, 더 나아가 되갚아주고 싶습니다. 그런데 링컨은 그것을 억누른 것입니다. 그리고 온유한 자로, 긍휼히 여기는 자로, 화평케 하는 자로 응수하며 복을 받습니다. 그를 통하여 하나님께 영광을 돌리게 되는 것입니다.

한 남자가 자기 형제에게 심한 모욕을 당한 뒤, 현자를 찾아갔습니다. "큰 상처를 받아서 앙갚음하고 싶습니다." 현자는 젊은이를 다독거리며 말했습니다. "그러지 말고 원수 갚는 건 하나님께 맡기게나." 젊은이는 고집을 꺾지 않았습니다. "기필코 내 손으로 복수하겠습니다." 현자는 그 청년을 잡고 기도하자고 하더니, 이렇게 기도했습니다. "주님, 저희는 더 이상 주님의 보살핌이 필요 없습니다. 왜냐하면, 손수 복수를 하기로 결정했기 때문입니다." 이 기도를 들은 젊은이가 회개했습니다. "이제 형제와 다투지 않을 뿐만 아니라, 복수하지 않겠습니다. 저를 용서해 주옵소서."

성도 여러분, 거듭난 하나님의 자녀인 그리스도인은 이 어두운 세상에 살면서 항상 내가 누구인지를 알아야 합니다. 하나님이 내게 누구라고 말씀하셨는지를 기억해야 합니다. 우리는 예수 그리스도와 성령을 통하여 새사람이 되었습니다. 새로운 성품을 부여받았습니다. 하나님의 은혜와 사랑을 충만하게 받았습니다. 거기서 내가 누구인지를 분명히 알아야 합니다. 팔복을 받은 자로 오늘을 살며, 하나님께서 주신 복을 누리며, 하나님께 영광을 돌려야 합니다. 내 소원이 이루어지지 않는다며 이루어지지 않은 그 소원에 집착하면서 원망과 불평 가운데 살 것이 아닙니다. 그 모든 걸 하나님께서 아십니다. 중요한 것은 하나님과 나와의 관계입니다. 이 세상에서 내가 어떤 존재로 살아가느냐 하는 것에 초점을 맞추어야 합니다. 오직 십자가의 복음을 생각하므로 죄 사함을 받고, 하나님의 의를 선물로 받고, 영생을 받았습니다. 그 영생의 삶을 나타내야 내가 복을 받고, 나를 통하여 하나님의 역사가 이루어집니다. 그러기에 항상 하나님의 은혜와 사랑에 집중해야 합니다.

그리고 은혜와 사랑에 응답하는 승리하는 삶을 살아가야 합니다. 그러기 위해서는 항상 성령께 기도해야 합니다. 날마다 성령 충만함을 받아야 합니다. 성령의 능력과 통제 안에 있어야만 자아를 깨고, 죄의 본능을 제거하고 다스리며, 영의 생각에 이끌리어 승리할 수 있습니다. 성령께서는 항상 예수 그리스도께 집중하게 하십니다. 오늘도 살아계신 예수 그리스도만을 소망하며 따르고, 본받으며, 그리스도의 영광을 나타내게 하십니다. 그럴 때 우리는 말씀이 내 안의 사건으로 나타나는 것을 체험하게 되고, 복음의 증인으로 하나님께 영광 돌리는 권세 있는 인생을 살아가게 되는 것입니다.

† 기도

창조주이시며 거룩하신 하나님 아버지. 하나님 보시기에 세상의 종이요, 죄의 종이요, 어둠의 권세 아래 살아가는 미천한 죄인이건만, 이처럼 우리를 긍휼히 여기사 오직 하나님의 은혜의 부르심 속에 믿음으로 하나님의 자녀가 되어 이제는 전과 다른 구별되는, 대조되는 하나님의 자녀로서 이 시대를 살게 해주심을 진심으로 감사드립니다. 주께서 나 같은 죄인을 향하여 세상의 소금과 빛이라고 말씀하신 것이 내게 사건이 되며 영향력으로 나타나, 오직 하나님의 은혜에 붙들리어 하나님의 말씀을 바르게 깨닫고, 그 말씀의 생명과 능력을 체험하며, 이제는 영의 생각에 이끌리어 날마다 승리하는 인생을 살게 하여주시옵소서. 나의 주 성령이시여, 날마다 성령 충만함을 간구하게 하셔서, 성령의 능력과 통제 안에서 죄의 본성을 알고, 다스리며, 죄의 본능을 억누르는 체험 있는 신앙생활을 하게 하시고, 이제는 예수 그리스도 안에서 그리스도를 본받으며 그리스의 영광을 나타내는 형통한 삶을 살며, 하나님이 주신 복을 누리는 고귀한 인생을 살도록 함께하여 주옵소서. 우리 주 예수 그리스도의 이름으로 간절히 기도드리옵나이다. 아멘.

4장

오른손이 하는 것을 왼손이 모르게

04 | 오른손이 하는 것을 왼손이 모르게

사람에게 보이려고 그들 앞에서 너희 의를 행하지 않도록 주의하라 그리하지 아니하면 하늘에 계신 너희 아버지께 상을 받지 못하느니라 그러므로 구제할 때에 외식하는 자가 사람에게서 영광을 받으려고 회당과 거리에서 하는 것 같이 너희 앞에 나팔을 불지 말라 진실로 너희에게 이르노니 그들은 자기 상을 이미 받았느니라 너는 구제할 때에 오른손이 하는 것을 왼손이 모르게 하여 네 구제함을 은밀하게 하라 은밀한 중에 보시는 너의 아버지께서 갚으시리라

(마태복음 6:1-4)

어느 날 사람들로부터 존경받는 랍비에게 한 젊은이가 찾아왔습니다. 그 젊은이는 자신이 지금까지 했던 많은 자선과 선행을 열거하면서 제자로 삼아달라고 부탁했습니다. 그러나 랍비는 젊은이를 그냥 돌려보냈습니다. 그러자 랍비의 아내가 물었습니다. "젊은이가 나이답지 않게 선행과 자선을 많이 하는데, 왜 제자로 받아주시지 않으셨어요?" 랍비는 신중하게 이렇게 대답했습니다. "선행을 하고 자선을 베푸는 일은 그것

을 행하지 않는 것보다는 낫고, 더욱이 악을 저지른 것보다야 천배 나은 것이지요. 하지만 선행과 자선은 그 행함에서 그쳐야 하는 것입니다. 거기서 그치지 않고 자신이 베푼 선행과 자선을 내세우는 습성은 술 주정꾼의 술 취함보다 더해서 그것을 끊기란 더 어려운 법입니다. 술 주정꾼을 어찌 제자로 받아 가르칠 수 있겠습니까!" 깊이 생각해야 할 이야기입니다.

자기 의를 높이는 위선적인 삶

인간이 선행을 하고 구제를 베풀며 그것이 알려져 사람들에게 존경받고 칭찬받는 것은 당연합니다. 그러나 칭찬과 존경이 선행과 구제의 동기가 되고, 목적이 되는 것은 잘못된 일입니다. 만일 그렇게 되면 그 자체가 위선이며, 더 나아가 자기의 의만을 높이는 이기적인 행위입니다. 신약성경에 바리새인과 관련된 사건이 많이 기록되어 있는데, 그 속에 메시지와 우리에게 주는 경고가 있습니다. 바리새인은 도덕적으로 아주 훌륭한 사람들입니다. 평범한 삶, 그 이상의 삶을 살았습니다. 율법을 지키려고 애썼고, 많은 자선과 선행을 했습니다. 또한 종교적으로는 아주 훌륭한 사람들입니다. 성경을 연구하고 가르치며, 기도하고 금식했습니다. 하나님께로 향하는 삶을 목적으로 살았습니다. 그런데 예수님께서 그들을 향하여 강하게 정죄하시며 경고하십니다. 유독 그들에게 하신 말씀입니다. "위선자들아! 독사의 자식들아!" 엄청난 심판입니다. 도덕적으로나 종교적으로 그들보다 못한 사람들이 허다한데, 그들은 다 불쌍히 여기시면서 이들을 향해서는 분노하시며 경고하셨습니다. 왜 그렇습니까? 오늘 모두에게 주시는 메시지가 거기에 있습니다. 그들은 하나님의 의를 높인 것이 아니라, 하나님께 영광을 돌린다고 하면서도 결국은 자신의 의만을 높인 위선적인 삶을 살았기 때문입니다. 칭찬과 존경을 목적과 동기로 삼고 사람들 앞에서 선행과 경건과 구제를 나타내었기에 그런 심판을 받는 것입니다.

성도 여러분, 자기의 의를 높이는 게 뭐 그리 심각한 죄인가 싶겠지만, 하나님이 보시기에는 우상입니다. 하나님보다 나를 더 사랑하고, 하나님의 뜻보다 나의 뜻에 더 집착하기 때문입니다. 그리고 그들의 삶의 방식은 결국 사람들에게 칭찬과 존경을 받기 위해서 무언가를 끊임없이 행하는 것이기 때문입니다. 이는 무서운 죄입니다. 천국에 들어가지 못합니다. 이것이 성경의 결론이며 경고입니다. 많은 선행과 구제와 자선을 행하였지만, 그래서 세상에서는 존경과 칭찬을 받을 수 있겠지만, 정작 천국에는 들어가지 못합니다. 천국에 들어가고 하나님의 자녀가 되는 것은 오직 하나님의 은혜로 말미암아 믿음으로 하나님의 의를 선물로 받아야 합니다. 그러므로 자기 의를 높이면 높일수록 하나님과 정반대되는 삶을 지향하게 될 뿐입니다. 이것을 항상 기억해야 합니다.

미국에서 오래전에 있었던 사건입니다. 한 갑부가 대학 총장실을 방문해 말했습니다. "지금까지 이 대학에 낸 기부금 중에 가장 큰 금액은 얼마입니까?" "10억 원 정도 됩니다." 이렇게 총장이 대답하자, 그 갑부가 호기롭게 말했답니다. "그럼 제가 20억을 낼 테니, 지금부터 제 이름을 최고의 기부자로 기억해 주십시오." 그리고 즉석에서 개인수표를 작성해 총장에게 건네주었습니다. 총장이 그 수표를 받자마자 손에 쥔 채 일어나려고 할 때, 갑부가 다시 물었습니다. "그런데 10억을 낸 사람은 누구입니까?" 총장이 문밖으로 나가려다가 흠칫하면서 이렇게 말했습니다. "바로 당신입니다."

성도 여러분, 하나님의 자녀는 창조주이시며 전지전능하신 하나님을 나의 하나님 아버지로 신앙고백하며 믿는 사람입니다. 하나님과 나의 관계가 아버지와 자녀의 관계라는 것을 믿는 사람이 진정 하나님의 자녀입니다. 그 믿음으로 우리는 세상 속에서 하나님의 자녀답게 승리할 수 있습니다. 예수 믿기 전에는 전혀 그러한 인생을 살지 못했습니다. 구원받기 전에는 그런 정체성, 그런 의식이 전혀 없었습니다. 그러나 구원받은 후에는 창조주이신 하나님이 나의 아버지가 되십니다. 이 믿음의 확신으로 오늘을 살아가게 됩니다. 이전과는 전혀 다른 구별된 존재 의식이요, 전혀 다른 목적과 동기와 방식으로 오늘을 사는 것입니다. 그래서 예수님께서 말씀하십니다. "너희는 세상의 소금이다. 세상의 빛이다." 세상에서 나 중심의 방식으로 살아갈 때, 우리는 세상의 소금과 빛이 될 수 없습니다. 오직 하나님의 뜻대로, 하나님의 방식으로 살아갈 때 그런 권세 있는 인생을 살아갈 수 있습니다.

개인적으로 제가 항상 묵상하며 사랑하는 말씀이 로마서 5장 1절입니다. "그러므로 우리가 믿음으로 의롭다 하심을 받았으니 우리 주 예수 그리스도로 말미암아 하나님과 화평을 누리자." 성도 여러분, 구원받았다는 것은 예수 믿고 하나님의 자녀가 되었다는 데서 멈추는 것이 아닙니다. 그것은 그저 종교생활일 뿐입니다. 그것을 넘어서 하나님과 교제하며 화평을 누리는 인생이어야 합니다. 죽은 우상과 같은 하나님이 아닙니다. 하나님의 현존을 인식하고 임재를 갈망하며 하나님이 나와 함께하심을 믿으면서 살아가는 것입니다. 예수 믿기 전에는 그런 인생을 상상도 못했습니다. 단지 내 자아가 이끄는 대로, 세상의 관점으로 살았습니다. 그러나 구원받고 하나님의 자녀가 된 후에는 완전히 달라졌습니다. 전지전능하신 하나님께서 나의 하나님 아버지가 되십니다. 어떤 상황에서도 이 믿음을 잃어서는 안 됩니다. 이것이 믿음의 본질이고 사실이며, 전부입니다. 정말 이런 믿음과 확신 속에 오늘을 살아가십니까? 아니면 하나님을 추상화하며 오늘을 살아가십니까? 깊이 생각해야 합니다.

오른손이 하는 것을 왼손이 모르게 하라

오늘 본문에는 유명한 예수님의 잠언이 기록되어 있습니다. "오른손이 하는 것을 왼손이 모르게 하라." 이 문구를 모르는 사람이 거의 없습니다. 그런데 지키는 사람이 별로 없다는 데 문제가 있습니다. 이것은 하나님의 자녀에게 주신 말씀입니다. 오직 하나님의 자녀만이 실천할 수 있는 말씀입니다. 이 짧은 잠언의 말씀 속에 엄청난 복음진리가 계시되어 있습니다. 내게 주신 하나님의 말씀이 이 안에 나타나 있습니다. 이 말씀을 항상 묵상하고 실천하며 오늘을 살아가야 합니다. 오른손이 하는 것을 왼손이 모르게 하라는 것은 무슨 말씀입니까? 단순하게 생각하십시오. 본문 안에 답, 즉 해석이 있습니다. '은밀하게 하라'는 것입니다. 영어로는 "in secret"입니다. '비밀스럽게 하라'는 것입니다. 자랑하지 말고, 알리지 말고, 비밀스럽고 은밀하게 하라는 것입니다. 기억하지 말라는 것입니다. 선행, 구제, 자선, 그리고 기도와 경건한 삶에 대하여 오른손이 하는 일을 왼손이 모르게, 비밀스럽게 하라는 것입니다. 그것이 하나님의 자녀가 살아가는 삶의 방식입니다. 이것을 말씀해 주는 것입니다.

적어도 세 가지 차원에서 그렇게 행해야 합니다. 먼저는 이웃과의 관계에서 내 경건과 기도와 선행에 대해서 침묵해야 합니다. 알리면 안 됩니다. 비밀스러워야 합니다. 오히려 알려지는 것을 부끄러워해야 합니다. 그래야 하나님의 자녀입니다. 그리고 두 번째는 나 자신에 대하여 오른손이 하는 것을 왼손이 모르게 해야 합니다. 어떻게 그게 가능합니까? 잊어버리면 간단합니다. 잊어버리십시오. 잊어버리기를 기도하십시오. 그것이 오른손이 하는 것을 왼손이 모르게 하는 인생입니다. 그리고 세 번째는 하나님을 향하여 오른손이 하는 것을 왼손이 모르게 해야 합니다. 성경말씀을 토대로 하나님께서 우리를 칭찬하십니다. "많은 일 했구나. 수고했고, 착한 종이구나." 그때 우리는 이렇게 대답하는 것이 마땅합니다. "아닙니다. 저는 무익한 종입니다. 오직 하나님의 은혜에 붙들리어 마땅한 일을 했을 뿐입니다." 이런 진심이 있어야 오른손이 하는 것을 왼손이 모르게 하는 것입니다. 그런데 자꾸 사람들 앞에서 자기 스스로 감정에 격해 내가 하고 있는 일들을 나열하고, 하나님 앞에 기도하면서 내가 이런 일을 했으니 보상해 달라고 말하는 순간, 그는 하나님의 자녀가 아닙니다. 세상에 소금과 빛의 인생이 아니라는 것을 분명히 알아야 합니다. 그래서 한마디로 기억하지 말라는 것입니다.

오늘날 구제와 선행과 자선을 위한 기관들이 많이 있습니다. 그중에는 기독교 단체들도 많이 있는데, 대다수가 이 말씀을 지키지 않습니다. 부끄럽습니다. 어떤 기관에서는 큰일을 할 때에 먼저 신문과 방송에 소문부터 냅니다. 그것만도 창피한데, 더 창피한 게 뭔지 아십니까? 아예 기자를 데리고 갑니다. 실제로 그렇습니다. 그리고 그 현장을 찍고, 기사를 내게 합니다. 이렇게 하면서 어떻게 하나님께 기댑니까? 오른손이 하는 것을 왼손이 모르게 하라는 말씀이 자신의 귀에는 안 들리는 것 같습니다. 이것은 잊어버리기도 힘든 말씀입니다. 그러니 이미 하나님의 말씀을 떠난 것입니다. 비록 선행이라 할지라도, 그것은 부끄러운 일입니다. 회개해야 합니다.

그리고 효과적으로 구제 또는 자선사업을 하는 기관들을 보면 아주 적극적인 동기부여를 합니다. 그러다 보면 사람을 혼란스럽게 만듭니다. 주는 사람과 받는 사람, 특히 어린아이들과 고아들을 연결해 줍니다. 그리고 편지와 사진을 주고받을 수 있게 합니다. 목적은 지금 주는 사람으로 더 열심히 하게 하기 위한 동기부여입니다. 이런 일이 하나님의 일이고, 기독교 사업이라고 말합니다. 하지만 전혀 아닙니다. 결국은 낙심하게 되고, 유혹을 받아 자기 의에 빠지게 됩니다. 이건 전혀 세상에서 빛으로 사는 인생이 아닙니다. 이것을 분별해야 합니다. 교회들마다 이런 일이 많습니다. 제가 안식년과 같은 때에 일부러 여러 교회를 탐방하고 또 목사님들의 목회 이야기를 듣는데, 그때마다 깜짝깜짝 놀랍니다. 예배 중에 있는 헌금 시간에 십일조와 감사헌금을 많이 낸 사람을 호명하고, 심지어 액수까지 말하는 데가 많습니다. 이것이 교회입니까? 깜짝 놀랍니다. 왜냐하면 서로 경쟁하게 해서 더 많이 헌금하도록 동기부여하고 유도하는 행위이기 때문입니다. 악한 짓입니다. 그런데도 거침없이 하다가 어느덧 관습이 되었습니다. 이건 아닙니다. 성경은 말씀합니다. 은밀하게 오른손이 하는 것을 왼손이 모르게 하라고 합니다. 이것이 하나님의 뜻입니다. 하나님의 진리입니다. 그대로 믿고 실천하며, 하나님의 자녀답게 살아가야 합니다.

사람에게 보이려고 하지 말라

오늘 본문 1절 말씀에 귀를 기울이시기 바랍니다. "사람에게 보이려고 그들 앞에서 너희 의를 행하지 않도록 주의하라 그리하지 아니하면 하늘에 계신 너희 아버지께 상을 받지 못하느니라." 사람에게 보이려고 하지 말라는 이 말씀은 경건생활을 하거나 선행을 할 때 항상 머리에 꽉 박혀 있어야 할 말씀으로 주셨습니다. 성령께서 항상 기억나게 하실 것입니다. 왜 사람에게 보이려고 하지 말라고 하십니까? 우리는 하나님의 자녀이기 때문입니다. 사람에게 보이려고 하는 순간, 그 착한 행실이 뒤틀어집니다. 결국 위선에 빠지게 되고, 많은 신앙적 유혹을 받게 됩니다. 또한 "너희 의를 앞세우지 말라" 하고 말씀합니다. 이것은 선행을 하더라도 사람 앞에서 행하는 것은, 오른손이 하는 것을 왼손이 모르게 하지 않는 선행은 결국, 의의 문제라는 것입니다. 즉 선행을 하는 것은 구제의 차원이 아니라, 경건의 문제이고 의의 문제라는 하나님의 말씀입니다. "그건 너의 의를 높이는 거지, 나의 의를 높이는 게 아니야. 그건 하나님의 의를 높이는 게 아니야. 정신 차려!" 이 말씀을 주시는 것입니다. 그리고 강하게 경고하십니다. "너희 아버지께 상을 받지 못하느니라." 하나님의 일을 하면서 하나님께 상을 받아야 하는데, 상을 받지 못합니다. 그런데 왜 그렇게 유도하고, 그런 일을 행하는 것입니까? 사탄의 역사입니다.

무엇보다도 오늘 본문의 "너희 아버지"라는 말씀에 귀를 기울이십시오. 1절과 4절에서 반복하여 강조합니다. 예수님께서 "너희 아버지"를 계속 말씀하십니다. 너희 아버지가 누구인지를 알라는 것입니다. 창조주시며 거룩하시고 전지전능하신 하나님을 말합니다. 그분을 향하여 담대하게, 자신 있게 확신을 가지고 "아버지"라고 부를 사람은 하나님의 자녀밖에 없습니다. 거듭난 하나님의 자녀뿐입니다. 정말 아버지가 되십니다. 이처럼 하나님의 현존을 생각합니다. 보이지는 않지만, 하나님의 임재가 내게 가까이 있음을 기억합니다. 체험할 수는 없지만, 하나님이 나와 함께하심을 확신하고 믿습니다. 그래야 바른 신앙생활을 할 수 있습니다. 그래서 하나님의 현존을 인식하면서 경건이든, 구제든, 선행이든 행하라고 하십니다. 그것이 마땅하다고 강조하십니다. 오른손이 하는 것을 왼손이 모르게 하라는 이 말씀을 우리에게 주십니다.

성경에 다들 잘 아는 선한 사마리아인의 비유가 기록되어 있습니다. 그 비유의 핵심은 사마리아인의 이름을 모른다는 것입니다. 엄청난 선행을 했는데, 아무도 이름을 모릅니다. 하나님만이 아십니다. 아마 본인도 잊어버렸을 것입니다. 선한 사마리아인의 비유는 이처럼 하나님의 의를 높이는 것이 메시지라는 해석이 있는데, 일리가 있습니다. 여기서 중요한 것으로 장소를 말합니다. 산속에서 이루어졌기에 이런 일이 벌어진 것이지, 만일 예루살렘과 같은 사람이 많은 곳에서 누가 강도를 만났다면 틀림없이 제사장과 레위인이 제일 먼저 뛰어가서 희생하며 헌신적으로 구제했을 것입니다. 정말로 장소의 문제입니다. 왜요? 사람들이 많이 보는 곳에서라면 구제했을 테니까요. 그런데 아무도 없으니까 하지 않은 것입니다. 지금 이 사람은 경건의 위선을 범하고 있습니다. '하나님'을 외치지만, 정작 그 중심에 하나님이 없습니다. 지금 하나님을 우상화하고 있습니다. 하나님을 추상화하고 있습니다. 하나님을 전혀 인식하지 않고 있습니다. 그래서 아무도 보지 않으니까 냅다 도망간 것입니다. 이 죄를 물으셔서 그들을 위선자이고 독사의 자식이라고 말씀하셨습니다.

너희 앞에 나팔을 불지 말라

오늘 성경에서 예수님께서는 또 다른 잠언으로 강하게 경고하십니다. "너희 앞에 나팔을 불지 말라." 우리가 착한 일을 할 때, 하나님의 일을 할 때 이 말씀이 계속 들려야 됩니다. "너희 앞에 나팔을 불지 말라." 나팔 불지 마십시오. 그래야 그 사람이 하나님의 자녀입니다. 그리고 말씀해 주십니다. "그들은 자기 상을 이미 받았느니라." 왜요? 나팔을 부니 사람들이 칭찬하고 존경하며 높입니다. 그런데 그것으로 끝입니다. 그럼에도 왜 그런 행동을 하는 것입니까? 세상 사람들은 하나님을 알지 못하니까 그렇게 할 수밖에 없습니다. 알리고 싶겠지요. 그러나 하나님의 자녀는 하나님을 인식하는 순간, 하나님의 현존을 고백하는 순간 나팔을 불어서는 안 됩니다. 그 자체가 불신앙이기 때문입니다.

마태복음 5장부터 7장까지의 산상수훈 말씀을 살펴보면, 언뜻 모순되어 보이는 하나님의 말씀을 발견할 수 있습니다. 그중 하나가 예수님께서는 "너희는 세상의 빛이라" 하고 말씀하시며, 우리가 복음의 증인으로서 담대히 선포해야 한다고 하셨습니다. 다시 말해, 세상에 나아가 오직 예수 그리스도와 십자가의 복음을 전하라는 것입니다. 하나님의 은혜와 사랑에 대해서 나팔을 불라는 말씀입니다. 그런데 같은 산상수훈에서 예수님께서는 또 다른 말씀을 하십니다. "나팔을 불지 말라"라고 하시는 것입니다. 이 두 말씀을 올바르게 해석해야 합니다. 자신이 듣고 싶은 대로만 해석해서는 안 됩니다. 핵심은 이것입니다. 복음 증거는 담대히 해야 하지만, 그 외의 선행이나 경건한 행위에 대해서는 나팔을 불지 말라는 것입니다. 과시하지 말라는 것입니다. 복음 전파가 아닌 다른 일들로 자신을 드러내려 한다면, 그것은 위선이라고 예수님께서 경고하고 계십니다.

은밀한 중에 보시고 갚으심

다시 한번 생각해 보십시오. 이것이 왜 이렇게 중요합니까? 왜 하나님은 예수님을 통해서 이 엄청난 진리를 항상 기억하도록 짧은 잠언으로 강력하게 경고하시며 말씀하십니까? 왜 비밀스럽게 해야 합니까? 왜 오른손이 하는 것을 왼손이 모를 정도로 해야 마땅한 것입니까? 이 질문의 답이 오늘 성경에 두 가지로 나타납니다. 그 첫째가 '은밀한 중에 보시는 너희 아버지'를 기억하라는 것입니다. 우리는 세상 사람과 다릅니다. 우리는 하나님을 '나의 아버지'라고 부릅니다. 그분이 모든 것을 보시고 아십니다. 그것을 믿고 살라는 것입니다. 그렇기에 익명적 헌신이 마땅합니다. 성경은 곳곳에서 하나님은 중심을 보시는 하나님이시라고 말씀합니다. 그 일의 가장 큰 수혜자이자 대표적인 인물이 다윗입니다. 그는 누구보다도 많은 죄를 지었지만, 가장 하나님께 복을 받았고 그리고 하나님을 기쁘시게 해드렸습니다. 왜요? 중심이 하나님의 말씀에 합했기 때문입니다. 목적과 동기와 방식이 하나님의 뜻에 합했기 때문입니다. 하나님의 자녀는 그렇게 살아가야 세상의 소금과 빛이 됩니다.

또한 두 번째는 "너의 아버지께서 갚으시리라" 하고 말씀하십니다. 기가 막힌 말씀입니다. 보상해 주신다는 말씀입니다. 마땅한 일인데도 하나님께서 기억하시고, 상을 주시겠다는 것입니다. 성도 여러분, 사실 복음 중에 최상의 복음이 바로 이것입니다. 상 주시는 하나님, 복 주시는 하나님, 반드시 그 모든 것을 기억하시고 갚아주시는 하나님, 우리는 그 하나님을 소망합니다. 성경을 자세히 보면, 하나님의 사람들이 그것을 믿었습니다. 천국을 믿고, 천국의 상속자임을 믿고, 천국의 영광을 믿었습니다. 그 보상에 대한 확신을 품고 세상을 이겼습니다. 이 보상이 없다면 우리는 자아를 버리지 못합니다. 세상을 떠날 수 없습니다. 그러나 이 보상이 있기에, 보상하시는 하나님을 믿기에 세상을 향하여 담대한 인생을 살아갈 수 있는 것입니다.

마태복음 25장에 보면, 예수님께서 십자가를 지시기 전에 천국과 지옥에 관한 비유를 말씀해 주십니다. 양과 염소의 비유입니다. 최후의 심판 때 이런 일이 있을 것이라고 비유로 말씀하셨습니다. 마태복음 25장 34절에서 37절까지를 봉독하겠습니다. 귀를 기울이시기 바랍니다. "그때에 임금이 그 오른편에 있는 자들에게 이르시되, 내 아버지께 복 받을 자들이여 나아와 창세로부터 너희를 위하여 예비된 나라를 상속받으라. 내가 주릴 때에 너희가 먹을 것을 주었고, 목마를 때에 마시게 하였고, 나그네 되었을 때에 영접하였고, 헐벗었을 때에 옷을 입혔고, 병들었을 때에 돌보았고, 옥에 갇혔을 때에 와서 보았느니라. 이에 의인들이 대답하여 이르되, 주여 우리가 어느 때에 주께서 주리신 것을 보고 음식을 대접하였으며 목마르신 것을 보고 마시게 하였나이까." 그리고 40절에 대답이 나타납니다. "임금이 대답하여 이르되 내가 진실로 너희에게 이르노니 너희가 여기 내 형제 중에 지극히 작은 자 하나에게 한 것이 곧 내게 한 것이니라 하시고."

이 말씀에서 포인트는 이것입니다. 하나님의 사람인 천국 백성이, 천국에서 상속자가 된 사람들이 모두가 한목소리로 말합니다. "내가 언제 그런 일을 했습니까? 어느 때에 그 일을 했습니까?" 다 잊어버렸습니다. 자신이 행한 착한 일을 다 잊어버렸습니다. 오직 하나님의 은혜와 사랑, 하나님의 임재만을 기억하고 있습니다. 오른손이 하는 것을 왼손이 잊어버렸습니다. 그들에게 하나님께서 상을 주십니다. 하나님께서는 모든 것을 아시고 기억하십니다. 그렇기에 하나님의 자녀는 다 잊어버려도 됩니다. 얼마나 좋습니까!

저명한 중국 선교사였던 허드슨 테일러 목사님의 간증입니다. 이분이 어느 날 가난한 사람의 집을 심방했습니다. 목사님은 가진 돈이 단돈 2실링뿐이었고, 이들을 보면서 '내게 3

실링 정도만 있어도 1실링을 저들에게 나눠줄 텐데' 하고 생각했습니다. 왜냐하면 2실링으로는 오늘 식료품을 사서 다음 날 가족과 함께 먹어야 했기 때문입니다. 그러니 이것은 줄 수 없었습니다. 최소한의 생활비니까요. 그런 생각을 하면서 이런 말로 위로했습니다. "낙심하지 마세요. 하늘에는 자비롭고 사랑 많으신 아버지가 계십니다." 그때 마음속에서 '이 위선자야, 이 사람들에게 사랑이 많으신 하나님을 운운하면서 주머니에 있는 돈을 움켜쥐고 있느냐' 하는 소리가 계속 들려왔습니다. 마침내 양심의 가책을 느낀 그는 있는 돈을 전부 내주었습니다. 그런데 다음 날 굶을 수밖에 없는 그의 가족에게 우편으로 10실링이 도착했습니다. 허드슨 테일러는 아침에 묵상한 성경말씀을 그대로 체험하고 깨닫는 시간이었다고 고백했습니다. 잠언 19장 17절의 말씀입니다. "가난한 자를 불쌍히 여기는 것은 여호와께 꾸어 드리는 것이니 그의 선행을 그에게 갚아주시리라."

성도 여러분, 거듭난 그리스도인은 하나님의 자녀입니다. 하나님의 자녀 됨은 창조주이시며 전지전능하신 하나님을 아버지 하나님으로 정말 믿는 것입니다. 그렇기에 세상에 살면서 하나님의 현존을 갈망하고, 인식하며, 전지전능하신 하나님이 아버지이심을 확신합니다. 그리고 하나님께 순종하며, 모든 것을 하나님께서 보시고 아신다는 믿음 속에 오늘을 살아갑니다. 세상의 방식을 따르지 않고, 세상에 살면서도 사람에게 보이려고 하지 않습니다. 자기 의를 높이려고 하지 않고, 자아를 버리며 오직 하나님의 의를 먼저 구합니다. 그래서 하나님의 이름을 영화롭게 하는 승리의 삶을 살아가게 됩니다. 바로 그 믿음이 있기에 복음의 증인으로 성령 충만함을 받아 영의 생각에 이끌리어 하나님의 말씀이 내게 사건이 됩니다. 내게 주신 말씀이 반드시 사건이 되는 기도와 갈망 속에 체험적 신앙을 가지고 형통한 삶을 살아가게 됩니다. 하나님의 자녀에게 오늘도 주께서 말씀하십니다. "오른손이 하는 것을 왼손이 모르게 하라. 그리하면 너희 아버지께서 갚아주시리라."

† 기도

창조주이시며 거룩하신 하나님 아버지. 오직 하나님의 은혜 안에서 믿음으로 그 의를 선물로 받아 하나님의 자녀가 되었지만, 아직도 그 권세와 능력을 알지 못하여 예전 방식으로 살며, 옛사람의 본성에 이끌려 살며, 세상 중심의 삶을 살아 세상의 소금과 빛이 되지 못하는 비참하고 불쌍한 인생을 살아가는 죄인을 용서하여 주옵소서. 성령 충만함을 받아 세상 속에서 언제나 오직 하나님만이 나의 아버지가 되시며, 나는 하나님의 자녀가 됨을 항상 기억하며, 하나님의 현존을 인식하며, 간구하며, 하나님의 임재 안에서 모든 것을 아시고 보시는 하나님에게 삶을 의탁하며, 세상을 향하여 초연한 승리하는 삶을 살도록 지켜주옵소서. 이 예수님의 짧은 잠언이 내게 말씀이 되고 사건이 되어, 오른손이 하는 일을 왼손이 모르게 나의 선행과 자선과 구제와 경건과 기도가 실천되어 오직 하나님의 이름을 영화롭게 하며, 복음의 증인으로 날마다 승리하는 은혜 충만한 삶을 살도록 함께하여 주옵소서. 주 예수 그리스도의 이름으로 간절히 기도드리옵나이다. 아멘.

5장

보물을 하늘에 쌓아두라

05 | 보물을 하늘에 쌓아두라

너희를 위하여 보물을 땅에 쌓아 두지 말라 거기는 좀과 동록이 해하며 도둑이 구멍을 뚫고 도둑질하느니라 오직 너희를 위하여 보물을 하늘에 쌓아 두라 거기는 좀이나 동록이 해하지 못하며 도둑이 구멍을 뚫지도 못하고 도둑질도 못하느니라 네 보물 있는 그 곳에는 네 마음도 있으니라

(마태복음 6:19-21)

제2차 세계대전 후에 일본의 경제가 한창 다시 일어설 무렵의 일입니다. 일본의 한 대기업이 미국 일류 대학 출신의 고급 엔지니어를 찾고 있었습니다. 가급적 박사 학위가 있고, 일본어도 능숙한 미국인을 원했습니다. 오랜 수소문 끝에 마침내 한 사람을 찾았는데, 그는 공학 박사 학위를 취득한 후에 신학교를 졸업하고 일본에서 선교사역을 하고 있던 사람이었습니다. 즉시 높은 대우와 여러 가지 혜택을 약속하면서 회사에 와

달라고 제의했습니다. 하지만 그는 단호히 거절했습니다. 그들은 보수가 적어서 그런 줄 알고 더욱 파격적인 제안을 했습니다. 그러나 대답은 여전히 "No"였습니다. 도대체 무엇이 문제냐고 물었을 때, 그는 이렇게 대답했습니다. "물론 대우는 충분합니다. 문제는 그 일거리가 나의 삶을 바칠 만한 가치가 없다는 것입니다." 그는 일본에서 40년간 선교사역을 하며 일본뿐 아니라 아시아에 큰 영향을 준 저명한 러셀 바우만 선교사입니다. 그의 대답은 오늘날 그리스도인들이 과연 무엇을 위해 살아야 하는지를 다시 한번 일깨워 줍니다. 깊이 생각해 보시기 바랍니다.

복음에 따른 바른 선택

경영학의 대가로 불리는 스탠퍼드 대학의 명예교수인 제임스 마치 박사는 사람들이 무언가 선택할 때 대개 두 가지의 기본적인 의사결정 모델 중 하나를 따른다고 주장합니다. 첫째는 결과 모델입니다. 사람들은 결정을 내려야 할 때, 가능한 옵션과 비용과 편익을 따져본 후에 만족을 최대화할 수 있는 방향으로 선택을 내립니다. 더 큰 경제적 보상이 주어지는 쪽으로 자연스럽게 선택한다는 것입니다. 둘째는 정체성 모델입니다. 이 모델은 결정을 내릴 때 스스로에게 세 가지 질문을 한다고 합니다. "나는 누구인가? 지금 어떤 상황인가? 다른 사람들은 이 상황에서 어떻게 행동할까?" 즉 정체성 모델에 따른 사람들은 결정을 내릴 때 비용과 편익에 대한 계산 없이, 자신의 정체성에 큰 영향을 받습니다. 그래서 자신의 정체성에 상충하는 것에 대해서는 선택을 망설이거나 포기한다는 것입니다.

성도 여러분, 인생에서 나의 선택은 곧 나의 현재이고, 미래입니다. 나의 인생은 내가 무엇을 선택했느냐, 무엇을 믿고 소망하느냐에 따라 결정됩니다. 하나님께서 모든 인간에게 선택의 자유를 주셨습니다. 그리고 각자가 선택한 것에 대해 책임지는 존재로 하나님께서 창조하셨습니다. 성도 여러분, 예수 그리스도 안에서 그리스도를 본받으며 바른 선택을 하면서 살아가십니까? 아니면 그리스도 밖에서 자아 성취를 위해 자아를 따라 자기 유익을 좇는 선택을 하며 살아가십니까? 깊이 생각해야 합니다. 하나님의 자녀는 예수 그리스도 안에서 복음의 생각에 이끌려 하나님의 뜻을 분별하고, 그 뜻에 합당한 선택을 하며 오늘을 살아가는 사람을 의미합니다. 불신자 때와는 전혀 구별된 선택입니다. 성경에 기록된 하나님의 사람들의 공통점이 있습니다. 그것은 세상의 관점과 문화에 동화되거나 동조하지 않았다는 것입니다. 그리고 세상과 구별된 다른 선택을 하며 승리한 사람들입니다.

오늘 성경말씀에는 하나님의 자녀가 이 세상을 살아가는 동안에 어떻게 해야 바른 선택을 하고, 바른 인생을 살아갈 수 있는지에 대한 답이 기록되어 있습니다. 실상 마태복음 6장 전체가 세상에 대해 어떤 관점과 태도로 살아야 하는지, 그리고 어떤 선택을 해야 하는지를 우리에게 알려주는 하나님의 말씀입니다. 요한일서 2장 15절의 말씀을 들으시기 바랍니다. "이 세상이나 세상에 있는 것들을 사랑하지 말라 누구든지 세상을 사랑하면 아버지의 사랑이 그 안에 있지 아니하니." 항상 묵상해야 합니다. 세상이 어떠한지를, 또한 그리스도인은 세상에 대하여 어떤 관점과 태도로 살아가야 하는지를 명백히 우리에게 말씀해 주고 있습니다. 여기서 '세상'은 '인간'이나 '자연 세계'를 의미하지 않습니다. 부정적인 의미로 사용되어 죄의 권세 아래 인간 주도적으로 형성된 가치관과 세계관과 진리관과 인생관과 같은 관점들, 그리고 그러한 지식을 가리킵니다. 그 속에는 창조주이시고 역사의 주인이신 하나님이 전혀 인식되지 않습니다. 하나님을 부정하는 세상과 세상의 지식이 있을 뿐입니다. 도무지 하나님을 경외하지 않습니다. 그래서 하나님께서 성경을 통하여 "세상과 세상의 것들을 사랑하지 말라"라고 말씀하시는 것입니다.

하나님의 자녀들에게 이 세상은 참으로 위험한 곳입니다. 위험한 권세이고, 위험한 적입니다. 이것을 항상 인식하며 살아가야 합니다. 성경에서 하나님의 사람들은 세상 속에서 믿음의 싸움을 하며 살아갈 수밖에 없다고 말씀합니다. 그런 믿음의 싸움의 대상이 누구입니까? 그것을 모르면 항상 집니다. 믿음의 싸움의 대상은 죄요, 사망이요, 세상이요, 사탄이요, 더 나아가 자아입니다. 한번 생각해 보십시오. 우리가 하나님의 자녀라고 하면서 찬송을 하고 하나님의 말씀을 묵상해도, 세상이 무엇인지 모르고 또 세상에 대한 잘못된 관점과 태도를 가지면 세상에 집니다. 세상의 관점과 문화에 동화되거나 동조하면 누구라도 예외는 없습니다. 즉각적으로 옛사람의 본성이 나옵니다. 금방 하나님의 자녀로서의 정체성을 잃어버립니다. 매일매일 그것을 우리는 체험합니다. 저나 여러분이나 마찬가지입니다. 깜짝깜짝 놀랍니다.

성도 여러분, 하나님의 자녀로 세상에서 바른 선택을 하고, 하나님의 자녀로 살아가려면 오직 예수 그리스도와 연합하여 그리스도를 따르며 본받는 삶을 지향해야 합니다. 이 세상은 하나님의 자녀가 하나님께 영광 돌리는 삶을 살아가기에 적합하지 못합니다. 우리 주변에 안 믿는 사람들이 얼마나 많습니까? 이 세상의 소식들은 하나님을 부정할 뿐입니다. 하나님께 영광 돌리는 생각과 사건들이 아닙니다. 그래서 성경은 말씀합니다. "항상 깨어 있어라." 내가 누구인지를 알고, 하나님의 역사를 생각하며 살아 계신 하나님과 함께하는 삶을 지향하면서 깨어 있으라고 말씀합니다. 신앙적 결단으로 깨어 있지 않으면 금방 무너지고 맙니다. 쉽게 자신의 정체성을 잃어버립니다. 그래서 복음 안에서 항상 복음을 묵상하고, 진리 안에 거하는 삶을 결단하며 선택해야 합니다. 살아 계신 그리스도가 성령을 통해서 내게 오시며, 나와 함께하신다는 것을 믿고 고백하며 확신하면서 살아가야 합니다. 그렇지 못하면 언제 내가 하나님의 사람이었는지, 하나님의 은혜를 알았던 사람이었는지 모를 정도로 옛사람에 끌려가고 맙니다.

너희를 위하여 보물을 하늘에 쌓아두라

예수님께서 하나님의 자녀에게 오늘 성경 본문을 통해 두

가지를 명령하십니다. 이 세상에서 바른 선택을 하며 살아가게 하시기 위한 강력한 권면이며 명령입니다. 그리고 명령을 잠언으로 주셔서 쉽게 누구나 기억하고 생각하게 하십니다. 세상의 소금과 빛의 존재로 살기를 갈망하는 하나님의 자녀에게 주신 말씀입니다. 그러므로 이 말씀을 묵상하고, 순종하며, 말씀 안에서 바른 선택을 하며 살아가야 합니다. 첫째는 너희를 위하여 보물을 땅에 쌓아두지 말라는 것이고, 둘째는 너희를 위하여 보물을 하늘에 쌓아두라는 말씀입니다. 이 두 명령을 항상 묵상하며, 이 말씀 안에서 바른 선택을 하면서 오늘을 살아가야 합니다.

먼저 보물이 무엇인가를 명백히 해야 합니다. 세 가지 질문을 하면 쉽게 스스로 답을 할 수 있습니다. 첫째, 내가 가장 사랑하고 아끼는 것이 무엇입니까? 그것이 보물입니다. 둘째, 내가 가장 많이 일상에서 생각하는 것이 무엇입니까? 그것이 그 사람의 보물입니다. 그리고 셋째, 내게 가장 큰 기쁨과 행복이 되는 것이 무엇입니까? 그것이 보물입니다. 각자 자신의 보물을 생각해 보십시오. 하나님이 아시고, 자신도 아는 것입니다. 누군가에게는 돈이요, 누군가에게는 가족이요, 누군가에게는 명예와 가치와 칭찬이요, 누군가에게는 권력이요, 누군가에게는 성공이요, 누군가에게는 자아 성취요, 누군가에게는 건강입니다. 각자가 다른 보물을 갖고 있습니다.

성도 여러분, 내게 보물은 무엇입니까? 하나님의 자녀는 이 보물관, 즉 가치관이 변화된 사람입니다. 거듭나기 이전과 이후가 완전히 달라졌습니다. 아직도 가치관의 변화, 보물관의 변화가 없다면 거듭난 하나님의 자녀는 아닙니다. 이제 하나님의 자녀에게는 삼위일체 하나님이 가장 큰 보물입니다. 삼위일체 하나님은 추상적이지 않은, 실제 존재하는 하나님이시기 때문입니다. 하나님과 예수님, 성령님이 가장 큰 보물입니다. 그리고 하나님께 속한 것이 가장 큰 보물입니다. 하나님의 복음 안에 하나님의 약속, 하나님의 은혜, 하나님의 사랑, 하나님의 진리 등, 모든 보물이 가득 차 있습니다. 그리고 하나님의 교회, 그리스도의 몸 된 교회가 보물입니다. 마태복음 6장 마지막에 보면 예수님께서 33절에서 이렇게 말씀하십니다. "너희는 먼저 주의 나라와 주의 의를 구하라." 왜 그렇습니까? 그것이 보물이기 때문입니다. 무엇과도 비교할 수 없는 보물이기에 항상 그 보물을 갈망하고 기뻐하면서 살라는 것입니다. 주의 나라와 주의 의를 먼저 구하라고 하십니다.

예수님께서 소극적인 차원에서 이렇게 말씀하십니다. "보물을 땅에 쌓아두지 말라." 왜 이렇게 말씀하시는 것입니까? 그것은 땅에 속한 보물들은 다 소멸할 것이기 때문입니다. 다 사라질 것이기 때문입니다. 역사를 보십시오. 당대 최고의 영웅과 그 영웅이 자랑하고 남겼을 보물이 굉장할지 모르지만, 후대는 기억도 안 합니다. 관심이 없습니다. 다 추상적인 이야기입니다. 결국 다 사라질 것입니다. 그러기에 이제는 세상에 쌓아두지 말라고 말씀하십니다. 다시 말해서 세상의 것들을 사랑하지 말라는 것입니다. 그런 선택을 하라는 것입니다. 그리고 세상 중심의 삶을 살지 말라고 말씀하십니다. 이기적인 탐심과 정욕을 버리는 선택을 하라고 하십니다. 자기 유익을 좇아 최대의 경제적 보상과 명예를 위해 살지 말고, 그와 같은 선택을 버리라고 하십니다. 왜 그렇습니까? 그 모든 것은 사라지는 것이기 때문입니다. 그리고 너희는 하나님의 자녀이니 바른 선택을 하라고 말씀하십니다.

인류 역사에서 가장 큰 부자는 록펠러입니다. 록펠러는 현 시점의 최고 부자와 비교해도 돈이 훨씬 더 많았습니다. 그리고 오래 살았습니다. 그분은 뒤늦게 그리스도인으로 살며 많은 하나님의 일을 하다가 죽음을 맞았습니다. 그가 돈이 하도 많으니까 궁금해서 사람들이 많이들 물어봤습니다. "이제 만족하십니까?" 세계적인 부자니까 물은 것입니다. 그때마다 그가 준비한 대답이 있었습니다. 명언입니다. "Some more", 조금 더 있어야 만족하겠다는 말입니다. 이것이 탐심이라는 것입니다. 저 정도면 충분히 만족할 수 있는 데도 만족하지 못합니다. 이 탐심을 버리라는 것입니다. 탐심에 끌려가지 말라는 것입니다. 모든 탐심은 세상으로부터 비롯된 것입니다. 그러기에 이제는 그것을 버리는 선택을 하라고 하시며, 이어서 이렇게 적극적 차원에서도 말씀하십니다. "보물을 하늘에 쌓아두라." 왜 이렇게 말씀하십니까? 그것만이 영원한 것이기 때문입니다. 무엇보다도 하나님이 기뻐하시는 것입니다.

보물을 하늘에 쌓는 인생

보물을 하늘에 쌓아두라는 것은 하나님의 자녀에게 주신 말씀입니다. 성도 여러분, 한마디로 천국을 선택하라는 것입니다. 하나님의 나라를 선택하라는 것입니다. 더 이상 과거처럼 세상을 선택하지 말고, 천국을 선택하며 오늘을 살라는 것입니다. 왜 그렇습니까? 너희는 하나님의 자녀이니 이것이 마땅하다고 말씀하십니다. 내가 하나님의 자녀라는 게 추상적이면 계속 세상을 선택하며 살아가겠지요. 그러나 정말 내가 하나님의 자녀라고 믿는다면 보화를 하늘에 쌓아두는 게 당연한 일입니다. 그러므로 하나님의 자녀는 내가 누구인가라는 정체성에 끌려서, 그 정체성에 합당한 선택을 하며 오늘을 살아가야 합니다. 그래야 복 있는 인생을, 하나님께서 주신 복을 누리는 인생을 살아갈 수 있습니다. 더 이상 자기 유익을 좇지도 않고, 경제적 보상에 끌려서 선택하지도 않습니다. 그런 삶은 하나님의 자녀다운 삶이 아니라는 것을 자신도 압니다. 오직 하나님의 자녀만이 모든 것이 하나님의 것임을 고백합니다. 창조주 하나님께서 만물을 창조하셨기 때문입니다.

그리고 인간을 창조하시며, 만물을 다스리게 하셨습니다. 인간은 청지기입니다. 모든 만물의 주인은 하나님이시고, 인간은 청지기입니다. 각자에게 주신 은사가 있습니다. 각자에게 구별된 다른 은사를 주셨습니다. 이제 어떻게 사용해야 하겠습니까? 창조주 하나님을 위하여, 하나님의 뜻을 이루기 위하여 사용하는 것이 보물을 하늘에 쌓아두는 인생입니다. 성도 여러분, 이런 가치관에 따른 인생을 살아가고 계십니까?

우리는 날마다 믿음의 선택을 해야 합니다. 세상과 싸워야 합니다. 자아와 싸워야 합니다. 매일매일 자아와 세상은 하나님을 거역하는 방향으로 우리를 끌고 가기 때문입니다. 그러나 믿음으로 생각하고 선택하는 사람은 단순합니다. 하나님이냐 세상이냐, 천국이냐 세상이냐, 하나님이냐 자신이냐의 선택에서 너무나 명백합니다. 성도 여러분, 인생이 길다고 생각하십니까? 아니면, 짧다고 생각하십니까? 조금만 생각하면 인생은 너무나 짧습니다. 20대, 30대, 40대, 지나간 세월을 생각해 보십시오. 참으로 짧습니다. 벌써 지금의 나이가 되었습니다. 나이가 들어서 생각해 보십시오. 저는 제 나이를 생각하다 보면, 언제 이렇게 시간이 지나갔는지 싶은 생각에 깜짝 놀랍니다. 인생은 짧습니다. 이것 하나만 알아도 바른 선택을 할 수 있습니다. 실제로 모든 사람이 임종 때 고백하는 것이 인생은 짧다는 것입니다. 어떻게 이렇게 빨리 지나갔냐고 묻습니다. 그러므로 주어진 그 짧은 시간에 바른 선택을 해야 합니다. 종말론적 선택을 해야 합니다. 하나님의 자녀는 하나님 앞에 나아갈 그날을 바라보며 내가 갈 방향을 선택합니다. 그렇게 오늘을 살아갑니다. 그래야 승리하며, 담대한 인생을 살아갈 수 있습니다.

믿음의 조상 아브라함을 한번 생각해 보십시오. 하나님의 부르심을 받았지만, 복을 받았지만 휘청거렸습니다. 인생에 많은 사연이 있었습니다. 가장 결정적인 사건은 창세기 22장입니다. 하나님께서 어느 날 갑자기 아브라함에게 가장 소중한 보물을 바치라고 하셨습니다. 바로 이삭입니다. 아브라함이 백세에 낳은 이삭, 약속의 자녀 이삭을 바치라고 하십니다. 제물로 바치라는, 죽이라는 것입니다. 다른 건 다 바칠 수 있습니다. 아브라함은 자기 목숨도 얼마든지 바칠 수 있습니다. 그런데 이 아들은 독생자인데, 그런 아들인 이삭을 바치라고 하십니다. 청천벽력 같은 이야기입니다. 얼마나 많이 고민했겠습니까? 성경은 그 고민의 과정을 건너뛰고 결론으로서의 사건만 기록했습니다. 그는 결단을 내립니다. 믿음의 선택을 합니다. 창조주 하나님께서 주신 자녀이지만, 그 자녀가 하나님을 앞설 수 없습니다. 그에게 가장 큰 보물은 하나님입니다. 하나님께 순종하는 것 외에는 다른 것이 없습니다. 이제 그를 죽여 바치려고 할 때, 하나님께서 말씀하셨습니다. 창세기 22장 12절의 말씀입니다. "사자가 이르시되 그 아이에게 네 손을 대지 말라 그에게 아무 일도 하지 말라 네가 네 아들 독자까지도 내게 아끼지 아니하였으니 내가 이제야 네가 하나님을 경외하는 줄을 아노라."

성도 여러분, 하나님을 경외한다고 말하는데, 정말 내 중심의 보물이 하나님입니까? 아니면 돈, 명예, 권력, 자녀, 사업입니까? 이런 것들이 내 중심의 보물이라면, 보물이 무엇인지를 모르는 것입니다. 그 믿음은 너무나 빈약하고, 때로는 위선입니다. 아브라함은 가장 귀한 보물을 하나님께 바침으로 하나님을 경외하는 하나님의 자녀로 인정받았습니다. 모든 것의 주가 되시는 하나님께서 다만 아브라함의 마음, 그 중심을 시험하신 것입니다. 그리고 17절에서 이렇게 말씀하십니다. "내가 네게 큰 복을 주고 네 씨가 크게 번성하여 하늘의 별과 같고 바닷가의 모래와 같게 하리니 네 씨가 그 대적의 성문을 차지하리라." 그 믿음으로 아브라함은 믿음의 조상이 되고, 복의 근원이 되는 인생을 살아가게 됩니다.

보물이 있는 곳에 네 마음도

특별히 오늘 본문에서 주께서 강조하십니다. "너희를 위하여." 또 한 번 말씀하십니다. "오직 너희를 위하여." 이것은 하나님의 자녀를 위하여 주신 말씀이라는 것입니다. 너희가 복 받고, 권세 있게 살고, 하나님의 은총을 누리며 살려면 이 말씀을 듣고 순종하며, 이 말씀을 따라 항상 바른 선택을 하라고 말씀하십니다. 세상에 속지 말고, 세상의 관점과 문화에 더 이상 동화되거나 동조하지 말고, 보물을 하늘에 쌓아두라고 말씀하십니다. 그러시면서 한 번 더 강조하시며 또 다른 잠언으로 우리를 깨워주십니다. 항상 자신을 분별케 해주십니다. 그것이 21절 말씀입니다. "네 보물이 있는 곳에 네 마음도 있느니라." 정말 귀한 말씀입니다. 네 보물이 있는 곳에 네 마음도 있다고 하십니다. '오직 하나님께 영광'을 말하지만, 보물이 다른 곳에 있다면 그 마음이 딴 데 있는 것입니다. "네 보물이 있는 곳에 네 마음이 있느니라." 성도 여러분, 내 보물은 무엇입니까? 그것을 명확하게 알고 기도하며 오늘을 살아가야 합니다. 더 나아가서 그 보물은 어디에 있는 것입니까? 세상입니까? 아니면, 하늘입니까? 하나님의 나라, 즉 천국은 실재합니다.

하나님의 주권과 통치와 경륜과 역사가 실재하기에 그 안에서 우리가 믿음으로 구원받습니다. 이것은 실제 사건입니다. 하나님 나라, 천국이 추상적이라고 생각한다면, 그 사람은 아직 하나님의 자녀가 아닙니다. 성도 여러분, 예수님이 실재하시듯이, 그리고 예수님의 십자가와 부활이 실재한 것처럼 천국은 실재합니다. 우리는 천국 백성으로 하나님의 은혜의 부르심을 받은 하나님의 자녀입니다.

잊어서는 안 됩니다. 하나님의 자녀에게는 팔복을 하나님께서 주셨습니다. 예수님의 그 성품, 그 마음이 우리 안에 영생으로 주어져 우리를 끌어갑니다. 그러기에 하나님의 자녀는 항상 하나님 나라를 바라보고, 하나님을 먼저 선택하며 오늘을 살아갑니다. 그래서 종말론적 선택을 하며, 하나님께 영광 돌리는 인생을 살아갈 수 있는 것입니다. 하나님의 사람 제임스 패커 목사님의 선언입니다. "주 예수 그리스도 안에 있는 하나님의 헤아릴 수 없는 보물을 생각해 보라. 하나님에 대한 지식이 많아지면 우리의 힘도, 평안도, 기쁨도 커진다." 예수 그리스도 안에 있는 복음의 보물들, 그 약속들은 현재적이며 미래적인 것입니다. 추상적인 것이 아닙니다. 이미 현재적이며 미래적인 것입니다.

성도 여러분, 하나님의 자녀는 어떤 상황에서도 내가 누구인지를 알고, 그 정체성에 합당한 선택을 하며 오늘을 살아가야 합니다. 하나님의 은혜에 붙들려서 그 은혜의 증인으로 하나님이 기뻐하시는 선택을 하며 오늘을 살아가야 할 것입니다. 성령께서 우리 안에 계셔서, 항상 예수 그리스도 안에서 그리스도와 연합하여, 그리스도를 본받으며 따르는 선택을 하게 하십니다. 예수님은 이 땅에서 사셨지만, 항상 천국 지향적인 인생을 선택하시며 승리하신 분입니다. 그러므로 하나님의 자녀도 항상 천국 지향적이고 종말론적인 선택을 하며, 이 어두운 세상에 복음의 빛을 나타내는 승리하는 인생을 살아가게 되는 것입니다. 주께서 오늘도 말씀하십니다. "보물을 하늘에 쌓아두라."

† 기도

창조주이시며 거룩하신 하나님 아버지. 오직 하나님의 풍성한 은혜 안에서 믿음으로 하나님의 자녀가 되었지만, 아직도 세상에 속한 자로 살며, 옛사람의 본성에 이끌려 살며, 자신의 유익과 행복에 이끌려 선택하는 미련한 죄인을 불쌍히 여겨주옵소서. 이제는 전과 달리 복음의 선택을 하여, 오직 하나님의 뜻을 분별하며, 그 뜻에 합당한 선택으로 하늘에 보화를 쌓으며, 하나님께 영광을 돌리며, 이 땅에서 하나님이 주신 복을 누리며, 그 복의 증인으로 권세 있는 승리의 삶을 살도록 함께하여 주옵소서. 나의 주 성령이시여, 날마다 성령께 삶을 의탁하여 성령 충만함을 받아 영의 생각에 이끌리어 세상에 대하여 바른 관점과 태도로 주와 동행하는 복음의 증인으로 살아갈 수 있도록 지켜주옵소서. 주 예수 그리스도의 이름으로 간절히 기도드리옵나이다. 아멘.

6장

두 주인

06 | 두 주인

눈은 몸의 등불이니 그러므로 네 눈이 성하면 온 몸이 밝을 것이요 눈이 나쁘면 온 몸이 어두울 것이니 그러므로 네게 있는 빛이 어두우면 그 어둠이 얼마나 더 하겠느냐 한 사람이 두 주인을 섬기지 못할 것이니 혹 이를 미워하고 저를 사랑하거나 혹 이를 중히 여기고 저를 경히 여김이라 너희가 하나님과 재물을 겸하여 섬기지 못하느니라

(마태복음 6:22-24)

노벨 물리학상과 화학상을 받은 물리학자 퀴리 부인에 관한 일화입니다. 퀴리 부인은 결혼한 뒤 남편과 필사의 연구를 통해 라듐을 발견합니다. 당시 전 세계는 그들의 놀라운 발견에 감탄해 온갖 찬사를 아끼지 않았습니다. 그런데 퀴리 부인은 그 일로 어려운 선택의 기로에서 갈등하고 있었습니다. 지난 수년간 연구실에서 부족한 연구비에 허덕이며 힘든 환경에

서 일해 왔는데, 이 발견으로 그야말로 벼락부자가 될 수 있는 기회가 찾아왔기 때문입니다. 당시 천연 라듐의 값은 1그램에 15만 달러나 됐는데, 라듐을 생산하는 방법은 그들만 알고 있었습니다. 특허를 내서 억만장자가 될 것인지, 아니면 공개를 해서 세상에 유익을 줄 것인지가 그들의 고민이었습니다. 그리고 며칠간 기도하며 고민 끝에 마침내 결단을 내렸습니다. "이 라듐은 하나님의 것입니다. 우리가 그저 남들보다 먼저 발견한 것뿐입니다. 하나님의 뜻은 이것이 모든 인류의 소유가 되어 유익하게 사용하는 것이라고 생각합니다."

성경에서 말씀하는 바른 재물관

성도 여러분, 어떤 재물관을 가지고 오늘을 살아가십니까? 나는 돈을 다스리는 사람입니까, 아니면 돈의 영향력 아래서 지배를 받으며 돈을 사랑하면서 오늘을 살아가십니까? 전도서 10장 19절에 있는 말씀입니다. "돈은 범사에 이용되느니라." 돈은 인간에게 있어 생활의 수단입니다. 정말 돈은 생활 전체에 사용되며 영향을 끼칩니다. 그러다 보니 수단인 돈이 삶의 중심이 되고, 목적이 되는 인생을 살아가는 사람이 너무나 많습니다. 그래서 이 세상에서는 돈이 신과 같은 위치에 놓이게 됩니다. 돈이 우상입니다. 돈의 영향력과 권세는 참으로 큽니다. 실제 삶에서 돈으로 안 되는 게 없는 것 같습니다. 모든 것을 가능하게 하는 능력이라고 생각하게 됩니다.

『탈무드』의 격언입니다. "부자는 자식은 없고 상속자만 있다." 이게 무슨 말입니까? 돈은 수단일 뿐인데, 돈만 보여서 부모 형제도 없게 된다는 것입니다. 돈 때문에 싸웁니다. 돈이 우상화되면 이렇게 됩니다. 갑자기 돈에 미쳐버립니다. 한마디로 돈이 사람을 사람답지 못하게 바꿔버린다는 말입니다. 돈이 그 사람의 관점과 태도와 가치관을 변질시키기 때문입니다. 이것을 인식하며 살아가야 합니다. 그래서 예수님께서 하나님의 자녀들에게 말씀하십니다. "너희를 위하여 보물을 땅에 쌓아두지 말라. 오직 너희를 위하여 하늘에 보화를 쌓아두라." 왜냐하면 세상의 소금과 빛이기 때문이고, 하늘에 보화를 쌓아두는 것이 마땅하기 때문입니다. 너희가 하나님의 자녀이고, 천국 백성이기 때문이라고 말씀하십니다. 그런데 하나님의 자녀임에도 불구하고 이 세상에서 살아갈 때 만나는 가장 큰 장애물이 하나 있습니다. 많은 위험 요소가 있지만, 그중에서 가장 큰 영적 장애물을 예수님께서 말씀하십니다. 바로 재물이요, 돈입니다. 그래서 바른 재물관을 갖지 못하면 다 잘못된 신앙생활로 끝이 나빠집니다.

하나님의 자녀는 돈을 수단으로, 돈을 삶의 유익으로 다스리며 살아가야 합니다. 돈에 매여서는 안 되고, 돈을 사랑해서도 안 되며, 돈이 목적이 되어서도 안 됩니다. 돈의 지배와 영향력 속에서 살아가서는 절대 안 됩니다. 그러므로 하나님의 자녀에게 돈은 보물이 되어서는 안 됩니다. 만일 보물이 되면, 잘못된 선택을 할 수밖에 없습니다. 공부를 하면서도 돈을 많이 버는 전공을 선택하게 됩니다. 직장을 택하면서도 돈을 많이 주는 곳으로 쫓아다닐 것입니다. 결혼도 돈이 없는 사람과는 하지 않습니다. 돈이 많은 쪽으로 기울어집니다. 모든 삶의 선택을 돈이 좌우하게 된다는 말입니다. 부지불식간에, 결정적인 순간에 이렇듯 초라한 모습으로 변질됩니다.

종교개혁자 마르틴 루터는 사람의 일생에서 일어나는 회심을 세 가지로 보았습니다. 함께 생각해 보십시오. 첫째가 머리의 회심입니다. 이성적이고 자기중심적인 판단과 관심에서 하나님 중심의 가치관으로 전환하는 것입니다. 나 중심에서 하나님 중심으로, 육의 생각에서 영의 생각으로의 전환이 회심입니다. 예수님을 믿는다고 하면서 이러한 생각의 전환이 없다면, 머리의 전환이 없이 말뿐이라면 아직 하나님의 자녀가 아닙니다. 둘째가 가슴의 회심입니다. 분노와 좌절, 죄책과 후회와 같은 마음 상태에서 감사와 용서와 희망과 긍정의 상태로 전환하는 것입니다. 하나님의 자녀는 어떤 상황에서 살더라도 하나님의 은혜와 사랑에 응답하며 감사하고 사랑하는 전환이 있고서야 회심이 있다고 말할 수 있습니다. 셋째가 가장 중요한 문제입니다. 바로 주머니의 회심입니다. 행동의 변화에서 핵심은 돈의 문제입니다. 자신의 돈을 어떻게 그리고 어디에 사용하고 있는가와 함께, 옳은 방법으로 돈을 벌고 있는가에 대한 문제에서 정당할 수 있어야 합니다. 한마디로 물질에 관하여 청지기의 인식을 가지고 청지기의 삶을 살아가느냐 하는 것이 진정한 회심을 한 하나님의 자녀와 그렇지 않은 사람을 구분하는 시금석입니다.

돈의 회심에 대해서, 주머니의 회심에 대해서 가장 중요한 분별의 기준은 십일조입니다. 그래서 하나님께서 십일조를 바치라고 명령하셨습니다. 여기에는 깊은 메시지가 있습니다. 십일조를 즐거운 마음으로 드리는 사람은 모든 것이 하나님께 있고, 모든 것이 하나님의 것이라는 창조신앙을 고백하는 것입니다. 그리고 내게 주어진 모든 것은 하나님의 선물이고, 내가 노력했지만 열매를 거둔 것은 하나님의 은총으로 나는 단지 청지기일 뿐이라는 것을 의미합니다. 더 나아가 나는 이 돈, 재물로부터 자유인이라는, 돈의 지배를 받지 않는다는 의미도 있습니다. 그러므로 자발적인 마음으로 예물을 바칩니다. 무엇보다도 내게 주어진 모든 재물은 하나님의 영광을 위하여, 하나님의 뜻을 위하여 즐거운 마음으로 사용할 것이라고 서원하는 것입니다.

어느 가정에서 있었던 일입니다. 엄마가 주일학교 가는 아들에게 500원짜리 동전 두 개를 주었습니다. "하나는 헌금이다. 그리고 또 하나는 네 용돈이야." 아이가 너무나 즐거운 마음으로, 기쁜 마음으로 교회로 달려갔습니다. 그런데 달려가다가 그만 넘어져서 한 손에 쥐고 있던 동전 하나가 떨어졌는데, 돌돌 구르다가 하수구 구멍에 빠져버렸습니다. 아이가 즉각적으로 이렇게 말하더랍니다. "어떡해, 저거 헌금할 돈인데." 자기 손에 또 다른 500원이 있는데 말입니다. 이것이 바로 인간의 탐심입니다. 무슨 말입니까? 내 손에 있는 것은 내 것이라는 말입니다. 아이든 어른이든, 항상 내 손에 있는 것은 내 것이라고 생각합니다. 잃어버린 것은 하나님의 것이라는 말이지요. 가지지 못한 것은 하나님의 것이고, 내 손에 있는 것은 내 것이라는 태도입니다. 이것이 소유 중심의 삶에서 벗어나지 못하고 돈의 노예가 된 사람의 모습입니다.

한 사람이 두 주인을 섬기지 못함

오늘 본문을 보면, 예수님께서 잠언을 통하여 우리에게 간략하고 명료하게 말씀해 주십니다. "두 주인"이라는 표현을 쓰시면서 말씀하십니다. "한 사람이 두 주인을 섬기지 못할 것이다." 이 말씀의 전제는 예수님이 세상에 오셔서 보시니 인간은 두 주인을 섬기며 살고 있다는 것입니다. 이것이 인간의 실존이라는 것을 우리에게 의미해 주고 있습니다. 이것이 죄의 역사입니다. 죄가 어디에 있습니까? 인간이 인간다움을 잃을 때, 인간이 하찮은 삶의 도구인 돈의 노예가 될 때 거기에 죄의 역사가 나타납니다. 그것이 사탄의 역사입니다. 하나님께서는 인간을 하나님의 형상을 따라 존엄성 있게 창조하시며, 오직 한마음으로 하나님만을 섬기도록 하셨습니다. 그런데 죄의 역사로 말미암아 그 마음이 부패하고 타락하여 어느덧 돈이 우상이 되어 돈에 종속됩니다. 소유 중심의 삶에서 벗어나지 못합니다. 이것을 보고 알 수 있어야 합니다.

기독교 역사를 보면 또는 우리 주변을 봐도 그리스도인으로 스스로 구원의 확신을 가졌다고 말하면서도 돈 때문에 잘못된 인생길을 가다가 마지막에 좋지 않은 결말에 이르는 사람이 너무나 많습니다. 누가 봐도 보물을 땅에 두며 살아가는데, 자신은 보물을 하늘에 쌓아둔다고 착각하는 사람입니다. 위선입니다. 속고 사는 것입니다. 또는 하나님의 자녀로 살면서도 계속 돈의 영향력 속에서 살아갑니다. 돈을 다스리지 못합니다. 도구가 아니라, 돈이 자꾸 중심이 되고 또 소원이 되어버립니다. 참으로 어리석은 인생입니다. 그래서 예수님은 의도적으로 비교할 수 없는 두 언어인 하나님과 재물을 같이 사용하여 말씀하십니다. "하나님과 재물을 겸하여 섬길 수 없다." 그런데 겸하여 섬기는데 문제가 있습니다. 오늘 성경이 분명히 말씀합니다. "한 사람이 두 주인을 섬기지 못하느니라." 더 말씀하십니다. "하나님과 재물을 겸하여 섬기지 못하느니라." 둘 중 하나를 선택해야 하는데, 둘 다 쥐고 있는 것입니다. 이것을 이기적인 탐심과 정욕이라고 말합니다. 성도 여러분, 나는 하늘과 땅, 하나님과 재물 중 어느 쪽을 택하고 살아갑니까? 예수님께서는 이런 돈의 권세와 영향력을 이미 아시고 체험하셨습니다. 그러면서 돈이 하나님과 같은 존재로 하나님과 같은 위치에 있게 된 것을 안타깝게 여기시며 이 세상을 어둠이라고 말씀하셨습니다. 그렇게 사탄이 역사했고, 죄의 결과로 말미암아 인간이 인간 답지 못하게 되었습니다. 수단이고 도구인 돈의 노예가 된 것입니다. 이 돈이 사람을 변질시킬 수 있다는 것을 항상 인식하며 살아가야 합니다. 돈과 상관없다고 말할 정도의 위치에 있는 사람은 아무도 없습니다. 예수님께서 말씀하십니다. "하나님과 돈을 겸하여 섬길 수 없느니라." 이 세상에서는 돈의 영향력과 권세가 그 정도의 위치에 있다는 것을 기억해야 합니다.

성도 여러분, 돈의 권세를 잠깐 생각해 보십시오. 성경이 말씀하고, 세상이 보여주는 돈의 권세와 영향력은 참으로 무섭습니다. 분명 인간이 만든 생활의 도구로 삶의 수단인데, 어느덧 돈이 삶 전역에서 사용되다 보니까 필요를 넘어 삶의 중심과 목적이 되었습니다. 간단히 일상을 생각해 보십시오. 돈을 벌기 위해서 참으로 많은 시간과 열정을 쏟아붓습니다. 그 중 십분의 일만 하나님께 쏟아도 성자 소리를 들을 것입니다. 돈에 엄청나게 열정을 쏟아부으면서 살아갑니다. 전공을 선택할 때도 돈을 많이 벌 수 있는 쪽으로 몰리고, 직업도 돈 많이 주는 쪽으로 선택하고, 결혼도 그렇게 합니다. 그러다 보니 돈을 많이 버는 것이 소원이 되어버렸습니다. 성공, 소유, 결국 그 얘기를 합니다. 너무나 부끄러운 건 기도도 그렇게 한다는 것입니다. 알게 모르게 그렇게 합니다. 예배 시간에 기도를 하면서도 "이 나라에 복을 주사"라고 합니다. 무슨 복입니까? 따지고 보면 돈복을 얘기하는 것입니다. 잘 살게 해달라는 것입니다. 하지만 회개가 먼저 아닙니까? 회개하고 하나님께 돌아와 복음을 믿는 것, 그것이 먼저입니다. 영혼이 구원받지 못한 상태에서 복을 주고, 평안하고 안정되게 해달라는 것은 돈을 달라는 것과 똑같은 이야기입니다. 또한 교회 개척에도 돈이 많이 필요합니다. 그런 세상입니다. 깊이 생각해야 합니다.

사람들은 돈의 권세가 너무 커서 이제 돈을 황금열쇠라고 생각합니다. 모든 문제의 해결책이요, 만사형통의 열쇠로 여깁니다. 실제로 우리 삶을 생각해 보십시오. 내가 간절히 원하는 것, 갈망하는 것은 대부분 돈으로 다 해결되는 것 같습니다. 그게 돈의 지배를 받는 인생인 것입니다. 오늘날 정치와 돈은 분리될 수 없습니다. 정치 자금이 많아야 보다 수월하게 당선도 됩니다. 특히 대통령 선거는 얼마나 돈의 권세가 무서운지를 말해줍니다. 대통령 선거라는 것은 참 지도자를 뽑는 것입니다. 그러니 정직하고 인격적이며 도덕적인, 훌륭한 모습을 가진 사람이 뽑혀야 하는데 그것만으로는 대통령이 못 됩니다. 능력이 있어야 합니다. 무슨 능력이냐면, 경제를 안정시키고 동시에 성장시키는 능력입니다. 그러면 사람들이 "와" 하고 뽑아 줍니다. 하지만 다 사기당하는 것입니다. 갑자기 그런 경제적인 능력이 어떻게 생깁니까? 그런데도 이러한 쪽으로 끌려갑니다. 이것은 다 돈이 사람의 생각을 변질시키기 때문입니다. 속고 속이는 인생이 되어버렸습니다.

그리고 돈이 그 사람의 우선순위를 바꿔버립니다. 참으로 무섭습니다. 가치관이 변질됩니다. 결국 돈에 종속되고 지배를 받아, 자유인이 못 됩니다. 돈 앞에서는 자유인이 못 됩니다. 불쌍한 인생입니다. 무엇보다도 돈이 그 사람의 행복관을 결정합니다. 그렇게 변질되었습니다. 돈이 있어야 행복할 것 같다는 그 생각 자체가 병든 것입니다. 그것이 헛되다는 걸 인정하지 않습니다. 돈 많은 사람을 보면 재산 싸움도 하고 불행한 일이 있다는 것을 아는데도 불구하고, 그래도 돈이 있으면 행복하다고 생각합니다. 반면에 돈이 없으면 불행하다고 생각합니다. 돈이 없으면 실패했다고 생각합니다. 이 모든 것을 돈이 결정짓는 세상, 돈의 영향력 아래서 우리가 살아갑니다. 돈이 우상이 되어버렸습니다. 결국 돈이 사람을 바꿉니다. 사람을 변화시킵니다. 관점과 태도와 가치관을, 인생관을 뒤바꿉니다. 우리 주변에서 갑자기 벼락부자가 된 사람을 보면 말과 행동이 달라집니다. 이것이 돈의 위력입니다. 돈을 갈망하고, 돈에 집착하고, 돈을 사랑하니 소유 중심에서 못 벗어납니다. 그 결과가 무엇입니까? 더 많은 것을 얻으려고 하는 중에 항상 근심하고, 염려하고, 불안하고, 초조하고, 긴장하고, 절망하고, 낙심하고, 두려움 속에 살아갑니다.

하나님과 재물을 겸하여 섬기지 못함

그래서 예수님께서 의도적인 용어를 쓰십니다. 바로 "섬긴다"입니다. "두 주인을 섬기지 못하느니라." "하나님과 재물을 겸하여 섬기지 못하느니라." 섬긴다는 표현이 반복됩니다. 예수님의 이 말씀에 '나는 절대 아니야'라고 착각하지 마십시오. 깊이 생각해 보면, 다 여기에 걸려 있습니다. 우선 돈은 단지 수단인데, 오히려 돈을 좇으며 돈을 섬기는 인간이 되어버렸습니다. 부지불식간에 하나님의 자녀임에도 불구하고 여기서 벗어나지 못하는 상황이 벌어집니다. 더 나아가 더욱 심각한 문제가 뭔지 아십니까? 그것은 하나님과 돈을 겸하여 섬기는 것으로, 그런 사람이 가장 악합니다. 그래서 예수님께서 불신앙으로 우상숭배하는 사람이 있었지만 그들에게는 별말씀 안 하시고, 하나님을 섬긴다고 하면서 정작 재물과 명예와 권력을 취하는 두 주인을 섬기는 사람에게 "독사의 자식아!" 하고 저주하셨습니다. 깊이 생각해야 합니다.

대표적으로 돈과 하나님을 겸하여 섬기는 이들이 유대인입니다. 성경에서도 그렇지만, 오늘까지 그렇습니다. 한 편으로는 이해가 됩니다. 유대인은 우리와 다릅니다. 수천 년 동안 나라가 없었습니다. 그래서 나그네로, 노예로 살았습니다. 마치 존재하지 않는 사람으로 살았습니다. 그러니 자기를 지켜줄 것은 현실적으로 돈이었습니다. 의식주의 해결을 누구도 도와주지 않았기 때문입니다. 그러한 인생을 살았기에 돈에 대해서는 냉철합니다. 무섭습니다. 그러다 보니 하나님과 재물을 겸하여 섬기는 세속 신앙으로 변질된 것입니다. 그것을 아시고 말씀하십니다. 오늘날도 유대인은 소수민족이지만, 역사에서 가장 큰 부자들의 대다수가 유대인입니다. 그들의 돈에 대한 집념은 굉장합니다. 그래서 "돈은 황금열쇠와 같다"라고 『탈무드』에 기록되어 있습니다. 고난과 역경 속에서, 삶에서 배운 나름대로의 지혜입니다. 그러나 주께서 말씀하십니다.

"하나님과 돈은 겸하여 섬길 수 없느니라."

성도 여러분, 그러한 세속적인 신앙이 기독교와 교회로 몰려 들어왔습니다. 그것이 번영의 신학이요, 번영의 복음입니다. 예수 믿으면 모든 게 잘 된다고 합니다. 만사형통, 부와 건강을 얻고, 성공해서 많은 재물을 얻어 "주여, 감사합니다" 하게 된다고 말합니다. 하지만 그래서는 천국에 못 들어갑니다. 주머니가 회심을 못했습니다. 은밀하게 위선적으로 돈의 노예로 살아가는 것을 하나님은 아십니다. 이 번영의 복음을 내세워 전 세계 교회가 엄청나게 성장했습니다. 하지만 이건 성장이 아니라 교회의 타락이요, 교회의 권세가 무너지는 것입니다. 이제 그것을 보고 있습니다. 하나님의 자녀는 오직 하나님만을 소망하며, 하나님께 예배하는 사람을 일컫습니다. 그런데 세상 사람이 보기에 전혀 그렇게 보이지 않습니다. 같이 지내보면 하나님을 믿는다는 사람이 더 무섭다고 말합니다. 이것이 문제입니다.

사도행전 5장에 충격적인 이적이요, 계시적인 사건이 나타납니다. 바로 아나니아와 삽비라의 사건입니다. 누가 시키지도 않았는데 자발적으로 사람들이 재물을 팔아서 유무상통하고자 하나님께 예물을 드리는 것을 이 부부가 보고, 자신들도 그런 존경과 칭찬을 받고 싶어서 같은 일을 벌입니다. 문제는 소유의 일부를 숨겨두고, 이것이 전부라고 거짓말을 한 것입니다. 성령께서 사도 베드로에게 성령 충만함을 허락하셔서 그 모든 사실을 알게 하십니다. 그래서 베드로가 말합니다. "어찌하여 하나님을 속이려 하느냐? 지금 사람을 속인 게 아니라, 성령을 속인 것이다." 무섭게 말합니다. 그런데 그 즉시 하나님께서 그 두 사람을 다 죽여 버리십니다. 이것이 초대교회 초기에 있었던 일입니다. 그러니 감히 교회에서 돈과 재물을 같이 놓고 기도하겠습니까? 그럴 수 없습니다. 오직 하나님만 경외하고 섬기며, 하나님을 소망하게 됩니다. 마음이 깨끗해집니다. 그 믿음으로 초대교회가 부흥합니다. 이것을 잊어서는 안 됩니다.

하나님의 사람 C. S. 루이스는 말합니다. "부는 사람을 세상에 굳게 결속시킨다. 사람은 자기가 세상 속에 자기 자리를 찾고 있는 줄 알지만, 사실은 세상이 사람 속에서 자기 자리를 찾고 있는 것이다." 이것이 옳습니다. 디모데전서 6장 10절은 이렇게 기록합니다. "돈을 사랑함이 일만 악의 뿌리가 되나니." 돈에 집착하고, 돈을 사랑하고, 소유 중심의 삶을 살아갈수록 자기도 모르게 세상에 뿌리를 박게 됩니다. 이것을 분명히 알아야 합니다.

눈은 몸의 등불이다

예수님께서 또 다른 잠언을 통해서 우리에게 경고하시며, 명백하게 깨달음을 주십니다. "눈은 몸의 등불이다." 인간에게는 두 가지 눈이 있습니다. 성한 눈이 있고, 나쁜 눈이 있습니다. 대조해서 말씀하십니다. 여기서 눈이란, 육신의 눈이 아닙니다. 영적인 눈이요, 마음의 눈을 의미합니다. 선한 눈을 가진 사람은 보이지 않는 하나님을 봅니다. 하나님과 천국을 소망하며 오늘을 살아갑니다. 성한 눈을 가진 사람은 하나님의 은혜와 사랑과 진리를 보며, 신령한 세계를 보고 알며 오늘을 살아갑니다. 그러나 나쁜 눈을 가진 사람은 신령한 세계를 보지 못합니다. 하나님을 보지 못합니다. 단지 육신의 눈에 이끌려 물질세계에 집착하며 세상 중심의 삶을 살고, 세상을 사랑하고 돈에 집착하며 삽니다. 성한 눈을 가진 사람은 보물을 하늘에 쌓아두며, 이것이 마땅하다고 생각하면서 오늘을 살아갑니다. 또한 하나님만을 경외하고 섬기며 살아갑니다. 그러나 나쁜 눈을 가진 사람은 결국 보물을 땅에 둡니다. 돈을 갈망하고 집착하며, 하나님과 돈을 겸하여 섬기는 인생을 산다는 것을 우리에게 말씀해 주고 있습니다.

성도 여러분, 거듭남이라는 놀라운 부흥의 역사는 실제 사건입니다. 오늘 성경도 말씀합니다. 성한 눈을 가진 사람이 거듭난 사람입니다. 예수 믿기 전에는 보이지 않았고, 믿어지지도 않습니다. 나쁜 눈을 가졌기 때문입니다. 육신의 눈뿐이었습니다. 이성의 판단뿐이었습니다. 그러나 성한 눈, 영생의 눈을 가지니 하나님의 역사가 보입니다. 성경에서 보이고, 오늘 역사에서도 보입니다. 죄의 역사가 보이고, 성령의 역사도 보이고, 신령한 세계가 보입니다. 성도 여러분, 성한 눈을 가진 사람입니까, 아니면 나쁜 눈을 가진 사람입니까? 나는 오직 하나님만을 소망하고 경외하며 섬기는 사람입니까? 아니면, 세상과 돈을 겸하여 잡고 오늘을 살아갑니까? 이 두 종류의 사람이 어떻게 다른지는 인생의 마지막 순간에 분명히 드러나게 됩니다. 이것이 하나님의 섭리이고 경륜입니다. 특히 두 가지 관점에서 분명히 나타납니다. 하나는 임종 때입니다. 나쁜 눈을 가진 사람은 아무리 재산과 소유가 많고 세상에서 존경을 받아도, 후회와 절망과 공포와 두려움 속에서 죽음을 맞습니다. 그러나 성한 눈을 가진 사람은 아무리 어렵고 힘들게 살았어도 기쁨과 환희와 감사와 찬양 속에 죽음을 맞이합니다. 왜 그렇습니까? 하나님의 역사가 보이기 때문입니다.

또 하나는 최후의 심판 때일 것입니다. 성경은 그것을 우리에게 경고하고 알려줍니다. 하나님 앞에서 반드시 보고 알게 되어 있습니다. 대표적인 말씀이 누가복음 16장에 있는 부자와 거지 나사로의 비유입니다. 부자는 이 땅에서 소유 중심의 삶을 살면서 하나님과 재물을 겸하여 섬기며, 성공을 자랑하면서 거지 나사로를 비방하고 무시하며 잘 살았습니다. 그런데 죽고 지옥에 가서 보고 깨닫게 됩니다. 거기서 천국에 있는 나사로와 아브라함을 봅니다. 깜짝 놀랍니다. 그러나 늦었습니다. 끝입니다. 거기서 벗어날 수가 없습니다. 그래서 절규합니다. "아브라함이시여, 내 형제 다섯이 있는데, 제발 저 나사로를 그들에게 보내주소서. 이 현실을 보고 알게 하소서. 저들이 나 같은 인생을 살지 않고, 지옥에도 오지 않게 하소서." 간절히 청합니다. 그러나 이미 예수 그리스도의 복음이 전해졌고, 그것을 믿지 않으면 아무 소용이 없습니다.

성도 여러분, 내가 성한 눈을 가졌다면, 영적인 눈을 떴다면 그 자체가 복입니다. 그런데 아무나 갖는 게 아닙니다. 이것은 오직 복음의 역사로 주신 하나님의 선물입니다. 그것이 복음입니다. 그것을 누리는 사람이 복 있는 인생을 살아가는 것입니다.

신학자이며 철학자인 스프롤 박사에게 어떤 사람이 이렇게 질문했습니다. "오늘날 가장 시급한 영적 문제는 무엇입니까?" 그는 주저 없이 대답했습니다. "오늘날 가장 시급히 해결해야 할 영적 문제는 바로 참 하나님을 발견하는 것입니다." 그러자 두 번째 질문이 이어졌습니다. "그렇다면 성도들이 해결해야 할 가장 시급한 영적 문제는 무엇입니까?" 그는 다시 한번 주저 없이 말했습니다. "마찬가지입니다. 참 하나님을 발견하는 것입니다. 성도들이 하나님의 속성과 성품과 본성을 이해한다면, 그들의 삶에 혁명이 일어날 것입니다."

성도 여러분, 참으로 하나님을 알고, 믿고, 하나님의 역사 안에 내가 있음을 고백하며 소망 중에 오늘을 살아가십니까? 아니면, 아직도 세상 중심의 삶을 겸하여 살아가고 있습니까? 하나님의 자녀는 항상 예수 그리스도 안에서 예수 그리스도의 복음을 깊이 묵상하므로 그리스도를 본받고 따르며, 그리스도의 영광을 나타내는 사람입니다. 그래서 예수 그리스도처럼 하나님 아버지를 봅니다. 예수님은 항상 하나님 아버지를 보셨습니다. 하나님이 우리에게 예수 그리스도로 말미암아 아버지가 되십니다. 하나님 아버지와 바른 관계를 맺으며, 하나님만을 소망하고 경외하며 섬기는 인생이 복 있는 인생입니다. 그런 인생을 통하여 이제는 불신자와 구별된 재물관을 가지고 본을 보입니다. 나 자신이 보기에도 예수 믿기 전과 완전히 구별된 소유관을 가지고 오늘을 살아갑니다. 돈은 수단이지, 더 이상 삶의 중심이나 목적, 소원이 될 수 없습니다. 이제는 돈을 다스리는 사람으로 돈의 영향력에서 자유로워집니다. 돈의 지배 속에서 선택하지 않습니다. 그리고 정당한 방법으로 돈을 벌며, 하나님의 뜻을 위하여 선한 목적으로 그 재물을 사용하게 됩니다. 그 사람이 하나님 앞에 충성된 청지기입니다. 그는 오직 보물을 하늘에 쌓아두는 인생을 살아갈 것입니다. 선한 눈으로 신령한 세계를 보며, 살아 계신 그리스도를 붙잡고 하나님의 은혜와 사랑의 역사를 보면서 하나님만을 소망하며, 복음의 증인으로 날마다 승리하는 삶을 살아가게 될 것입니다.

† 기도

창조주이시며 거룩하신 하나님 아버지. 오직 예수 그리스도를 믿음으로 나의 주로 영접하여 하나님의 자녀 되었지만, 아직도 주가 내 속에서 주가 되지 못하시고, 주님 외에 세상 것들을 사랑하며 돈에 집착하여 하나님의 은혜를 망각하고, 신령한 복을 소홀히 여기며 여전히 세상의 종으로 살아가는 어리석은 죄인들을 용서하여 주옵소서. 세상은 어둠이라고 주께서 말씀하셨지만, 아직도 세상 것들을 사랑하며, 소유 중심의 가치관에 이끌려 살아서 신령한 것을 보지 못하고, 성한 눈으로 살아가지 못하고, 영의 생각에 이끌리지 못하여 하나님 중심의 인생을 살지 못하는 죄인을 용서하여 주옵소서. 나의 주 성령이시여, 하나님의 자녀안에 계심을 확신하오니, 성령 충만함을 허락하셔서 진실로 하나님을 발견하며, 하나님을 경외하며, 사랑하며, 섬기는 승리의 삶을 살도록 지켜주옵소서. 주 예수 그리스도의 이름으로 간절히 기도드리옵나이다. 아멘.

7장

공중의 새와 들의 백합화

07 | 공중의 새와 들의 백합화

그러므로 내가 너희에게 이르노니 목숨을 위하여 무엇을 먹을까 무엇을 마실까 몸을 위하여 무엇을 입을까 염려하지 말라 목숨이 음식보다 중하지 아니하며 몸의 의복보다 중하지 아니하냐 공중의 새를 보라 심지도 않고 거두지도 않고 창고에 모아들이지도 아니하되 너희 하늘 아버지께서 기르시나니 너희는 이것들보다 귀하지 아니하냐 너희 중에 누가 염려함으로 키를 한 자라도 더할 수 있겠느냐 또 너희가 어찌 의복을 위하여 염려하느냐 들의 백합화가 어떻게 자라는가 생각하여 보라 수고도 아니하고 길쌈도 아니하느니라 그러나 내가 너희에게 말하노니 솔로몬의 모든 영광으로도 입은 것이 이 꽃 하나만 같지 못하였느니라 오늘 있다가 내일 아궁이에 던져지는 들풀도 하나님이 이렇게 입히시거든 하물며 너희일까보냐 믿음이 작은 자들아

(마태복음 6:25-30)

동화 작가 정채봉의 잠언집 『날고 있는 새는 걱정할 틈이 없다』에 나오는 이야기입니다. '애늙은이'라는 별명을 가진 굴뚝새가 굴뚝 위에 앉아서 매일 같이 시름에 잠겨 있었습니다. 이때 어미 참새가 아기 참새를 데리고 굴뚝 위로 날아가면서 말했습니다. "걱정은 결코 위험을 제거한 적이 없단다. 그리고 걱정은 결코 먹이를 그냥 가져다준 적도 없으며, 눈물을 그치

게 한 적도 없지." 아기 참새가 말참견합니다. "엄마, 그럼 걱정은 어떻게 해결해야 하나요?" 어미 참새는 말합니다. "네 날개로, 네 발로 풀어야지. 어디 저렇게 한나절 내내 걱정할 틈이 있겠느냐?" 그리고 어미 참새는 창공으로 더 높이 날며 말합니다. "걱정은 결코 두려움을 없애준 적이 없어. 날고 있는 새는 걱정할 틈이 없단다." 이때 아래에서 총소리가 울렸습니다. 굴뚝 위에 앉아서 걱정에 잠겼던 굴뚝새가 땅으로 뚝 떨어지고 말았습니다. 깊이 생각해 보시기 바랍니다.

하나님의 사람 찰스 스펄전 목사님은 말합니다. "근심은 내일의 슬픔을 비우지 못하고, 다만 오늘의 힘을 빼앗아 갈 뿐이다." 정말 그렇습니다.

아무 쓸모없는 걱정과 근심

성도 여러분, 걱정과 근심과 염려는 인간의 성향이며, 인간의 실존입니다. 그것들이 무용하고, 때로는 파괴적이라는 것을 잘 알면서도 인간은 걱정, 근심, 염려 속에서 살아갑니다. 이 세상 속에서 살아가는 한 그렇습니다. 무엇보다도 세상에서 세상 중심의 삶을 살아갈 때, 항상 걱정과 염려와 근심이 따라옵니다. 세상에 동화되어 세상의 것들을 사랑하면 할수록, 더욱 걱정과 근심과 염려가 나를 붙잡습니다. 성도 여러분, 이런 근심과 걱정과 염려는 하나님의 뜻이 아닙니다. 하나님의 자녀가 이렇게 살아서는 안 됩니다. 이것은 죄의 역사 속에, 사탄의 역사 속에 나타나는 현상일 뿐입니다. 그래서 하나님의 뜻을 왜곡하고, 육신의 생각에 붙잡혀 살아가게 합니다. 하나님과 멀어질수록 하나님을 떠난 인생은 항상 걱정과 근심과 염려 속에 살아갈 수밖에 없다는 사실을 알고 인식하며 오늘을 살아가야 합니다.

미국 코넬대 사회학 교수인 칼 필레머 박사는 65세 이상의 미국인 1,500명을 대상으로 "인생에서 무엇이 가장 후회되십니까?"라는 질문으로 설문조사를 했습니다. 그 답으로 사업 실패 등을 예상했지만, 뜻밖에도 대부분은 이렇게 대답했다고 합니다. "걱정하는 데 너무 많은 시간을 썼습니다." 주어진 시간, 이 귀중한 시간을 걱정, 근심, 염려 속에 너무나 많이 허비하며 낭비하고 있다는 사실을 깊이 인식해야 합니다. 또한 걱정, 근심, 염려는 인간의 수명에 나쁜 영향을 끼칩니다. 그런 것들은 우리에게 스트레스를 주고, 스트레스는 많은 질병을 야기합니다. 특별히 정신질환이 그렇습니다. 조울증이나 우울

증과 같은 병들은 염려와 불안으로 인해 생긴 것들입니다. 또한 사람들은 일어나지 않을 미래의 일들을 염려합니다. 아직 일어나지 않은 일, 아니면 일어날 수도 없는 일들을 걱정하고 염려합니다. 그리고 병들어갑니다. 한마디로 걱정과 염려와 근심은 인간의 연약함입니다. 이것을 항상 기억해야 합니다.

이러한 근심과 염려는 무용한 것입니다. 아무 쓸모가 없습니다. 그래서 예수님께서 오늘 본문 27절에서 이렇게 우리에게 말씀해 주십니다. "너희 중에 누가 염려함으로 그 키를 한 자라도 더 할 수 있겠느냐." 걱정, 근심, 염려가 무언가를 해결해 주거나 또는 성취해 주는 것이 아니거든요. 절대 그렇지 않습니다. 이 말씀을 깊이 묵상하며 살아가야 합니다. 그런 것들은 오히려 하나님과 나 사이의 장애물입니다. 나를 무력하게 하고, 불신앙에 빠지게 하며, 결국 잘못된 인생을 살게 합니다. 그리고 후회하면서 죽어가는 것입니다. 그래서 예수님께서 오늘 강하게 말씀하십니다. "염려하지 말라." 오늘 내게 주신 하나님의 말씀입니다. 이것은 명령입니다. "Do not worry!" 강하게 반복해서 명령하시며 경고하십니다. "염려하지 말라. 너희는 하나님의 자녀이기에 염려하지 말라. 너희는 세상의 소금이요 빛이기에 염려하지 않는 인생을 살아가는 것이 마땅하다. 너희에게는 팔복의 마음이 주어졌고, 거듭난 하나님의 사람이기에 이전과 구별된 인생을 살아라. 염려하지 말라." 주께서 오늘도 내게 말씀하십니다.

하나님의 뜻은 염려하고 근심하며 살아가는 것이 절대 아닙니다. 하나님은 하나님 앞에서 하나님의 자녀가 감사하고 찬양하며, 기쁨으로 살기를 원하십니다. 인간은 그렇게 창조되었습니다. 그런데 사탄의 역사로 말미암아 유혹에 빠져 죄의 결과로 염려와 근심의 성향을 벗어나지 못하게 되었습니다. 그래서 하나님의 자녀는 항상 죄가 무엇이고 사탄의 역사가 무엇이며, 세상이 무엇인지를 바로 알고 이해하며, 바른 태도와 관점으로 오늘을 살아가야 합니다. 그렇지 못하면 잠깐 사이에 잘못된 인생을 살게 됩니다. 예수님께서 말씀하십니다. "보물을 땅에 쌓아두지 말라." 왜냐하면 항상 염려와 근심과 걱정 속에 살아가게 되기 때문입니다. "두 주인을 섬기지 말라." 두 주인을 섬길 때, 이런 염려와 근심의 실존에서 벗어날 수가 없습니다. 세속적인 신앙을 예수님께서 무섭게 경고하십니다. 왜 그렇습니까? 자신도 망치고, 남을 망치기 때문입니다. 염려와 근심에서 벗어나지 못합니다. 또한 성경은 말씀합니다. "세상과 세상의 것들을 사랑하지 말라." 그런 인생은 염려와 근심의 종으로 살아갈 수밖에 없습니다.

한 기독교 작가가 어린이를 위해 쓴 동화책 『참새와 물새의 대화』에서 이런 풍자적인 이야기를 소개합니다. 어느 날, 물새가 참새에게 말했습니다. "참새야, 저 아래 땅에 허덕거리며 걸어 다니는 인간들의 모습을 봐. 저 아우성치며 허우적거리며 살고 있는 인간들의 꼴을 보란 말이야." 이 말을 들은 참새가 이렇게 말했답니다. "물새야, 그거야 우리를 돌보시는 하나님 아버지가 아마도 인간들에게는 없는 모양이지." 성도 여러분, 왜 인간은 염려와 근심에서 벗어날 수 없는 이러한 실존의 삶을 살아갑니까? 무가치하다는 것을 알면서도, 무용함을 알면서도 계속 염려와 근심에 사로잡혀 있는 원인은 무엇입니까? 그것을 알아야 이 문제를 해결할 수 있습니다.

염려와 근심은 믿음의 문제

오늘 예수님께서 그 질문에 답을 주십니다. 믿음의 문제라고 말씀하십니다. 그래서 30절 마지막에 말씀하십니다. "믿음이 작은 너희여, 왜 염려하느냐? 염려의 원인, 근심의 원인은 믿음에 있다. 작은 믿음 때문이다." 경험하셨겠지만 보물을 하늘에 쌓아두는 인생을 산다 할지라도 우리는 항상 염려와 근심 속에 살아갑니다. 왜 그렇습니까? 그것이 믿음의 문제라는 것을 예수님께서 알려주십니다. 그런데 예수님께서는 믿음이 없다고 말씀하시지는 않으십니다. 그것은 하나님의 자녀요, 세상의 소금이고 빛이라고 말씀하셨기 때문입니다. 즉 이 말씀은 믿음이 있다는 것입니다. 있기는 있는데, 믿음이 작다는 것을 말씀하십니다.

이 작은 믿음은 무엇을 말합니까? 하나님을 아는 지식이 있고 하나님의 역사를 안다고 하지만, 그런데 대충 압니다. 하나님을 아는 지식에 있어 충만함을 갈망하지도 않고, 하나님께 순종하지 않습니다. 성경이 하나님의 말씀인 것을 압니다. 진리인 것을 알면서도 성경을 가까이하지 않습니다. 그것은 그만큼 믿지 않기 때문입니다. 인간은 믿는 대로 그 방향으로 가거든요. 그런데 믿음이 작습니다. 여기에 문제가 있습니다. 하나님의 복음을 알고, 예수님의 십자가와 부활 사건을 압니다. 그런데 복음을 깊이 묵상하지 않습니다. 복음을 그대로 받아들이지 않습니다. 자꾸 가감합니다. 이것이 작은 믿음입니다. 복음진리를 알지만, 복음진리 안에 거하는 삶을 살아가지 않습니다. 복음의 소망을 갖고 있지만, 세속적으로 두 마음을 가지고 잘못된 것을 소망하며 살아갑니다. 복음의 능력을 알지만, 능력을 추상화합니다. 이 모든 것이 작은 믿음의 인생입니다. 그래서 염려와 근심에 빠져 살아간다고 예수님께서 말씀하셨습니다.

이 작은 믿음에 대하여 다시 한번 생각해 보십시오. 구원과 관련해서 구원을 알고, 구원받았다는 확신을 가집니다. 그런데 죄 사함으로 그칩니다. 영혼 구원으로 끝납니다. 그리고 옛 모습으로 돌아가며, 스스로 구원으로부터 멀어집니다. 또한 이 구원을 만사형통이나 자아 성취로 생각합니다. 절대 아닌데도, 계속 타협합니다. 잘못된 구원관을 가지고 착각합니다. 이것이 작은 믿음입니다. 천국, 즉 하나님 나라도 마찬가지입니다. 하나님 나라가 이 세상에 왔다고 말씀하셨고, 하나님 나라는 하나님의 통치와 주권과 섭리가 이루어지는 곳인데, 계속 사후만 생각합니다. 죽은 다음에 천국 갈 것만 말이지요. 그리고 '오늘', 여기서는 빗나갑니다. 이것은 반쪽짜리 믿음입니다. 저 같으면 믿음이 없다고 그러겠는데, 예수님은 그래도 "믿음이 작은 자들아" 하시며 위로해 주십니다.

예수님에 대해서도 예수님의 십자가와 부활, 거기서 끝나는 것입니다. 살아 계신 그리스도에 대해서 초점을 맞추지 못합니다. 오늘도 성령을 통해서 내 안에 역사하시며, 하나님 나라를 통치하시는 그리스도에 대한 소망과 동행함이 없습니다. 잘못된 믿음입니다. 무엇보다도 하나님의 구원의 역사에 대해서 부분 부분만 생각합니다. 내 코드에 맞게, 내 이성적 판단과 경험적 판단 아래서만 생각합니다. 이것은 사실 믿음이 없는 것입니다. 그리고 과거에 국한됩니다. 현재와 미래까지 연결되지 못합니다. 성도 여러분, 하나님의 구원의 역사는 만물 위에 온 세상을 통틀어 나타나는 하나님의 역사입니다. 다시 말해서, 하나님의 구원의 역사는 나의 삶 전체를 말합니다. 일부분, 예를 들어 죄 사함을 받고, 하나님의 의를 받고, 하나님의 자녀가 되고, 과거의 죄로부터 구원받는 것처럼 어느 것 하나, 부분으로 조각난 것이 아닙니다. 삶 전체입니다. 그래서 예수님을 믿고 그 은혜로 말미암아 믿음으로 하나님 나라에 들어가고, 하나님의 자녀가 되는 이 삶 전체를 말합니다. 그런데 뭔가 내 뜻대로 잘 되고, 성공하고, 자녀도 잘되면 복을 받아 은혜 중에 있지만, 그렇지 않으면 무엇인가 잘못됐다고 하는 것은 작은 믿음입니다. 하나님의 구원의 역사를 편집해버리는 어리석은 사람입니다.

하나님의 자녀는 큰 믿음을 갖고 살아갑니다. 그것은 단순한 믿음입니다. 그대로 믿습니다. 복음 그대로, 하나님 말씀 그대로, 하나님의 구원의 역사 그대로 받아들여야 합니다. 그럴 때 그 믿음은 삶 전체에 영향을 끼칩니다. 항상 삼위일체 하나님을 먼저 생각해야 합니다. 하나님과 예수 그리스도와 성령님께서 오늘도 살아 역사하십니다. 하나님의 주권과 통치와 섭리와 경륜이 이루어지고 있습니다. 우리는 부분을 경험하지만, 그래서 다 알지는 못하지만 하나님은 역사하십니다. 세상과 우주 만물 전체에, 내 삶 전체에 역사하십니다. 그대로 믿어야 합니다. 또한 복음의 역사에 대해서도 그대로, 전체적으로 받아들여야 합니다. 내 인생 전체를, 과거와 현재와 미래 전체를 하나님께서 구원하십니다. 그리고 천국에 들어가게 하십니다.

공중의 새와 들의 백합화를 보라

예수님께서 염려하지 말라고 말씀하시며 큰 믿음을 상기시키기 위하여 또한 근심과 염려의 문제를 해결하도록, 잠언으로 항상 기억하고 묵상할 말씀을 주십니다. "공중의 새를 보라. 들의 백합화를 보라." 새와 꽃을 보며 믿음으로 생각하라는 것입니다. 큰 믿음으로 하나님의 창조세계를 바라보며 하나님의 역사를 생각해 보라고 말씀하십니다. 성도 여러분, 성령의 역사는 바로 이런 것입니다. 나를 항상 뜯어고칩니다. 이성과 경험을 넘어, 영의 생각에 이끌려 그리스도의 마음을 본받아 생각하게 합니다. 그리스도의 생각과 지식을 본받아 생각하도록 하는 것이 믿음의 세계입니다. 큰 믿음으로 그리스도를 본받아 생각하고 판단하며 오늘을 살아가는 것입니다. 이것이 성령의 역사입니다.

26절에 예수님께서 좀 더 구체적으로 말씀하십니다. "공중의 새를 보라 심지도 않고 거두지도 않고 창고에 모아들이지도 아니하되 너희 하늘 아버지께서 기르시나니 너희는 이것들보다 귀하지 아니하냐." 예수님은 공중의 새를 보시고 하나님 아버지께서 기르신다고 생각하며 사신 것입니다. 하나님의 자녀는 이렇게 생각하는 것이 마땅하지 않습니까? 그런데 그렇게 생각하지 않습니다. 별개로 생각합니다. 그래서 근심과 염려와 걱정에 붙잡혀 있다는 것을 우리에게 지적하십니다. "너희 하늘 아버지께서 기르신다." 사실 조금 더 생각해 보십시오. 새들이 먹이를 찾느라고 바쁩니다. 분주합니다. 그런데 새가 찾은 게 아닙니다. 하나님의 섭리 가운데 그렇게 하도록

되어 있습니다. 하나님이 기르시는 것입니다. 하나님께서 우주 만물을 창조하지 않으셨다면, 자기가 아무리 돌아다녀 봐야 먹이를 구하겠습니까? 열심히, 부지런히 다니면 먹이를 구할 수 있도록 하나님의 섭리 가운데 되어 있습니다. 그래서 그것을 생각하라고 하십니다.

그러므로 염려하지 말라는 것은 아무것도 하지 말라는 뜻이 아닙니다. 아무것도 안 하면서 염려하지 않겠다고 말하는 것은 불신앙입니다. 아예 믿음도 없는 것입니다. 그런 이야기가 아닙니다. 하나님의 섭리 안에서 하나님께서 보호하고 있으니 너희는 이것들보다 귀하다는 것입니다. 하나님의 자녀를 동물과 새와 비교할 수 있는 것입니까? 우리는 하나님의 형상을 입었고, 무엇보다 예수 그리스도의 십자가의 피로 구속받은 하나님의 자녀입니다. 성령께서 우리 안에 계셔서 우리를 날마다 새롭게 변화시키십니다. 특별한 존재입니다. 그래서 예수님께서 "세상의 소금이다. 빛이다"라고 말씀하십니다. 그런데 그런 생각조차도 안 합니다. 자존감이 없고, 정체성이 희미합니다. 그래서 염려하고 근심합니다. 예수님께서 말씀하십니다. "공중의 새를 보라. 믿음의 생각에 이끌려 다시 생각해 봐라. 너희는 그것들보다 귀한 존재다."

그리고 28절에 한 번 더 말씀하십니다. "또 너희가 어찌 의복을 위하여 염려하느냐? 들의 백합화가 어떻게 자라는가 생각하여 보라. 수고도 아니 하고, 길쌈도 아니 하느니라." 꽃들을 보라는 것입니다. 참 아름답습니다. 이것이 그냥 생긴 것이 아닙니다. 누군가 창조했고, 어떤 과정과 섭리 가운데 이처럼 아름다운 꽃을 봅니다. 그것을 자세히 들여다보면 참 신비롭습니다. 경이로우며, 너무나 아름답습니다. 예수님께서 설명하십니다. "솔로몬의 모든 영광보다 이 꽃 하나가 더 아름답고 경이롭지 아니하냐." 정말 그렇습니다. 신비롭습니다. "하물며 너희일까 보냐, 믿음이 작은 자들아. 눈을 떠 공중의 새와 들의 꽃을 봐라. 이 모든 것이 하나님께서 창조하시고 기르시는 것이 아니냐? 어찌 그 사랑하는 아들을 내어주신 이가 하나님의 자녀를 돌보지 않으시겠느냐? 왜 염려하고 불안에 떨며, 소중한 은사를 땅에 묻고 시간을 낭비하며 살아가느냐?" 오늘도 우리에게 말씀하십니다.

어느 교회 주일학교에서 있었던 일입니다. 선생님이 아이들에게 인류의 조상 아담과 이브에 대해 가르치고 있는데, 한 아이가 손을 들고 말했습니다. "선생님, 아빠가 우리 조상은 원숭이라고 하는데요? 원숭이로부터 진화되었다고 하는데요?"

그러자 선생님이 이렇게 대답했답니다. "얘야, 너희 집안 얘기는 좀 나중에 하자."

믿음으로 영생을 사는 사람

성도 여러분, 진화론은 참 무서운 것입니다. 진화론에는 하나님이 없습니다. 인간이 주인공이요, 인간이 만물의 주인입니다. 이것은 비논리적입니다. 그런데 이 진화론이 가장 이성적이고, 합리적이고, 과학적이라고 생각합니다. 그런 지식을 배우고 자랐습니다. 진화론이라는 관점과 태도에 매인 사람은 항상 근심과 염려와 걱정 속에 살아갈 수밖에 없습니다. 그러나 창조론을 믿는, 하나님의 창조와 섭리를 믿는 사람은 차원이 다릅니다. 하나님만이 유일한 창조주 이심을 생각해야 합니다. 나머지 신들은, 다른 종교들은 다 우상입니다. 그런데 그 창조주 하나님이 나의 하나님 아버지가 되십니다. 하나님께서 나를 부르시고, 택하시고, 복음을 듣게 하시고, 믿게 하시고, 구원받게 하셨습니다. 하나님의 은혜와 사랑을 계속 느끼게 해주시고, 하나님의 말씀을 주십니다. 그 하나님이 정말 내 아버지 하나님이시라면, 어찌 염려하고 걱정과 근심 속에 살아가겠습니까? 예수님의 마음을 생각하면, 예수님이 굉장히 슬프셨을 것입니다.

성도 여러분, 하나님의 창조 때를 한번 생각해 보십시오. 창세기에 잘 기록되어 있는데, 중요한 것은 이것입니다. 하나님께서 만물을 창조하시고, 맨 마지막에 인간을 창조하십니다. 왜 그러셨을까요? 인간이 그렇게 소중하기 때문에 인간을 보호하고, 인간의 생존을 위해서 그렇게 하셨습니다. 인간이 창조되었을 때 아무것도 없으면 그대로 죽지 않겠습니까? 그 모든 것을 창조하시고, 인간에게 선물로 주셨습니다. 만물을 다스리는 권세도 주셨습니다. 그런데 이것을 망친 것이 인간입니다. 그래서 썩어질 것에 매이고, 소멸될 것에 붙들려서 못 벗어나며 근심, 걱정, 염려 속에 살아갑니다. 이것이 인간의 실존입니다. 이것을 분명히 알아야 합니다.

에덴동산을 생각해 보십시오. 원래 수고하고 노동해서 무엇인가를 먹고살게 되어 있는 것이 인생입니다. 만물을 다스리며 하나님을 찬송하고, 하나님께 영광 돌리며 즐거운 삶을 살도록 창조되었습니다. 그런데 사탄의 유혹에 빠져서 죄의 본성으로 말미암아 지금의 모습이 되었습니다. 그때마다 우리는 꼭 그런 생각을 합니다. 저도 마찬가지입니다. "아담과 이브 때문에 이게 뭐야?" 그런 마음이 내게 있습니다. 그 본성이 내게 있습니다. 여기에 근본적인 문제가 있습니다. 또한 하나님께서 창조의 세계와 섭리를 보고 생각하게 하시기 위해서 먼저 우주 만물을 지으셨습니다. 하나님의 은혜와 사랑을 생각하도록 말이지요. 그래서 예수님께서 말씀하십니다. "새와 꽃을 보고 생각하라."

1세기 초대교회에서 기록한 기독교 문서들이 많습니다. 성경이 아닌 다른 문서들도 많은데, 특이한 것이 하나 있습니다. 당시에 예수님을 사랑해서 좇았던 많은 제자들의 이름 중에 '티테디오스'라는 이름이 참 많이 나옵니다. 티테디오스 요한, 티테디오스 바울, 티테디오스 알미니우스, 티테디오스 누구누구 식으로 기록되어 있습니다. 티테디오스라는 이름의 뜻은 '결코 염려하지 않는 사람'입니다. 그러니까 어떤 사람의 이름이라기보다는 본 이름에 붙은 별칭, 애칭 같은 것입니다. 예수님을 믿은 후에 결코 염려하지 않는 사람으로 삶이 변한 인생을 보며 사람들이 붙인 것입니다. 그들은 하나님이 자신의 아버지가 되시며 하나님이신 것을 알았던 그 순간부터 염려를 모두 하나님께 맡기고, 비로소 염려에서 해방이라는 놀라운 인생을 살았기 때문에 이런 이름이 붙여진 것입니다.

예수님 당시는 역사 중에 가장 악한 시대입니다. 예수님을 죽일 만큼 악한 시대입니다. 자유, 평등, 공의, 정의는 눈을 뜨고 찾으려고 해도 없던 때입니다. 참으로 악한 시대입니다. 평균 수명이 30세도 안 되는 시기입니다. 전쟁 때문에 굶어 죽고, 사람을 죽이고, 여성과 어린아이들은 사람 취급도 안 했습니다. 질서도 없던 나쁜 시대였습니다. 그런데 그 가운데 그리스도인들은 더 고통과 박해를 받았습니다. 그럼에도 불구하고 염려 없는 인생을 살았습니다. 예수님의 말씀이 사건으로 성취되어 감사와 기쁨과 찬양으로 의미 있는, 권세 있는 인생을 살아 하나님의 자녀는 다르다는 이야기를 들었습니다. 삶으로 하나님의 이름을 영화롭게 했던 것입니다. 깊이 생각해야 합니다.

예수님께서 십자가를 지시기 전날 밤, 다시는 너희를 보지 못하리라는 말씀에 제자들이 근심하며 두려워합니다. 그때 예수님께서 말씀하십니다. "너희는 마음에 근심하지 말라 하나님을 믿으며 또 나를 믿으라." 정말 하나님을 믿는 큰 믿음을 가지라고, 나를 보라고, 내가 하나님께서 보내신 자라고, 내가 십자가에 죽으나 부활할 바로 그 메시아라고 말씀하셨습니다. 하나님을 믿고 또 나를 믿으라고, 너희들이 그만한 믿음을 갖고 있다면 근심하고 염려하지 않을 것이라고, 이것은 하나님의 뜻대로 되는 일이라고 말씀하셨습니다.

성도 여러분, 하나님은 하나님의 자녀가 근심과 염려, 불안 속에 살아가기를 원치 않으십니다. 그것은 불신앙입니다. 모든 하나님의 자녀에게는 영생이 주어졌습니다. 그것을 깊이 생각해 보시기 바랍니다. 이것은 하나님이 사시는 생명이요, 그리스도의 생명입니다. 우리가 생각하는 육신의 생명, 소멸될 생명이 아닙니다. 영생을 가진 사람은 세상과 동화되지 않고, 세상의 것들을 사랑하지 않고, 세상에 보물을 쌓으며 살아가지 않습니다. 영생이 우리를 그렇게 두지 않습니다. 계속해서 회개와 믿음을 통하여 우리를 변화시킵니다. 이제는 예수 그리스도 안에서 하나님만을 소망하고 경외하며, 섬기며, 하나님의 이름을 영화롭게 하는 권세 있는 삶을 살도록 우리를 끌어갑니다. 그리고 영생은 우리에게 큰 믿음을 갖도록 날마다 변화시킵니다. 육신은 죽고 썩어 흙으로 돌아갈 것입니다.

그러나 우리 안에 있는 영생으로 말미암아 부활한 영혼, 다시 살아난 영혼은 예수 그리스도 안에서 하나님과 함께하며, 영생의 삶을 살게 됩니다. 부활 신앙이라는 것이 무엇입니까? 새로운 생명, 새로운 몸입니다. 더 이상 썩어지고 소멸될 것에 매이지 않습니다. 그것을 넘어서 초연하게 담대한 인생을 삽니다. 오직 복음의 증인으로 하나님의 자녀답게 승리하며 살아가게 될 것입니다.

† 기도

창조주이시며 거룩하신 하나님 아버지. 오직 예수 그리스도 안에서 하나님의 복음을 믿음으로 하나님의 자녀가 되어 이제는 전과 구별된 인생을 살며, 세상에 대하여 새로운 관점과 태도로 살며, 근심과 염려의 성향을 버리고, 감사와 기쁨과 찬양으로 오늘을 살게 우리를 새롭게 해주심을 진심으로 감사드립니다. 참으로 큰 믿음을 가진 사람으로 하나님의 자녀답게 하나님의 창조세계를 바라보고, 그 섭리를 기억하며, 우리를 향한 하나님의 은혜와 사랑에 붙들리어 이제는 복음의 증인으로 주와 동행하며, 그리스도를 본받으며, 날마다 승리하는 삶을 살도록 지켜주옵소서. 나의 주 성령이시여, 성령 충만함을 받아 날마다 깨어 기도하며, 영의 생각에 이끌리어 육신의 생각을 버리고, 염려와 근심과 걱정으로 인생을 허비하는 일이 없도록 우리를 지켜주시고, 그리스도 안에서 종말론적 신앙관을 가지고 천국을 향하여 신령한 것을 사모하며, 기뻐하며, 하나님의 일에 힘쓰는 모든 하나님의 자녀가 되도록 함께하여 주옵소서. 우리 주 예수 그리스도의 이름으로 간절히 기도드리옵나이다. 아멘.

8장

한 날의 괴로움

08 | 한 날의 괴로움

그러므로 염려하여 이르기를 무엇을 먹을까 무엇을 마실까 무엇을 입을까 하지 말라 이는 다 이방인들이 구하는 것이라 너희 하늘 아버지께서 이 모든 것이 너희에게 있어야 할 줄을 아시느니라 그런즉 너희는 먼저 그의 나라와 그의 의를 구하라 그리하면 이 모든 것을 너희에게 더하시리라 그러므로 내일 일을 위하여 염려하지 말라 내일 일은 내일이 염려할 것이요 한 날의 괴로움은 그 날로 족하니라

(마태복음 6:31-34)

미국 제7대 대통령으로 미국 역사상 가장 뛰어난 정치가 중 한 사람으로 꼽히는 앤드류 잭슨의 일화입니다. 그는 부인이 세상을 떠난 후에 한 가지 나쁜 버릇이 생겼습니다. 자신의 건강을 지나치게 걱정하는 것이었습니다. 게다가 가족 중에 중풍으로 여러 사람이 사망하면서 자신도 결국에는 중풍에 걸

려 죽을 것이라고 입버릇처럼 말했습니다. 하루는 친구 집에서 체스를 두고 있는데, 갑자기 한쪽 손이 자신도 모르게 탁자 위로 힘없이 툭 떨어지는 것이었습니다. 순간 잭슨은 얼굴이 하얗게 질리고, 호흡이 가빠졌습니다. 옆에서 이 모습을 지켜보던 사람들이 잭슨에게 달려와서 말했습니다. "괜찮으십니까? 안색이 좋지 않으니, 당장 병원에 가셔야 되겠습니다." 잭슨은 체념한 듯 고개를 저으며 말했습니다. "됐네. 난 오늘 같은 날이 올 줄 알고 있었네. 아무래도 중풍에 걸린 것 같아. 오른쪽 전체가 마비된 것 같아." 사람들이 놀라서 물었습니다. "그것을 어떻게 아셨습니까?" 잭슨은 심각하게 말했습니다. "아까부터 오른쪽 다리를 몇 번이고 꼬집어봤는데, 아무 느낌이 없었거든. 이미 마비가 진행되었다는 증거가 아니고 무엇이겠나." 그러자 함께 체스를 두던 친구가 말했습니다. "각하, 각하가 꼬집은 것은 제 다리였습니다."

염려와 걱정은 하나님이 없는 불신앙

성도 여러분, 염려와 걱정은 모든 인간 안에 있는 실존적 성향입니다. 살아있는 동안 항상 염려와 걱정, 근심 속에서 지내게 됩니다. 그러나 분명한 것은 이것들은 죄의 본성이라는 것입니다. 하나님의 뜻이 아닙니다. 그러므로 이 죄의 본성에 대한 해결책을 알고 이것들을 제거하며 오늘을 살아가야 합니다. 염려와 걱정은 무의미한 것입니다. 나의 인생을 병들게 합니다. 자꾸 염려하고 걱정하다 보면, 점점 게으르고 나태해집니다. 그리고 무엇보다도 반드시 해야 할 일을 미루고 하지 않게 됩니다. 그래서 예수님께서 마태복음 6장 27절을 통해서 말씀하십니다. "너희 중에 누가 염려함으로 그 키를 한 자라도 더할 수 있겠느냐." 누구나 알아들을 수 있는 예수님의 말씀입니다. 아무리 염려하고 걱정하고 근심해 봐야 아무 변화가 없습니다. 무가치하고 쓸데없는 짓이라는 것을 알려줍니다.

무엇보다도 염려와 걱정은 하나님과 나 사이에 큰 장애물입니다. 결국 그것들로 인해 불신앙에 빠지고, 잘못된 인생을 살아가게 됩니다. 그러므로 우리는 분명히 알아야 합니다. 염려와 걱정은 추상적인 것이거나, 심리적인 것이 아닙니다. 이것은 분명한 실체로서 힘이며 권세입니다. 그러기에 강하게 우리 안에서 영향력을 끼칩니다. 해야 할 일을 하지 못하게 만들고, 무기력하게 만들고, 온갖 질병을 일으키는 스트레스를 주고, 더 나아가서 건강한 이성과 감성을 마비시켜 결국 파괴합니다. 그것을 분명히 알아야 합니다.

19세기 저명한 러시아 작가 안톤 체홉의 단편 소설 『관리의 죽음』(The Death of a Government Clerk)의 내용입니다. 한 남자가 극장에서 오페라를 보는 도중에 무심코 재채기가 나왔는데, 그로 인해 앞에 앉아 있던 유명한 장군의 얼굴에 침이 튀었습니다. 이 사람이 깜짝 놀라 황급하게 장군에게 가서 사과했습니다. 장군은 괜찮다고, 개의치 말라고 말했습니다. 그런데 돌아와서 생각할 때 너무나 큰 잘못을 저질렀다는 생각이 들었습니다. 그래서 바로 다시 찾아가서, "이것은 제 의도가 아닙니다. 용서해 주세요"라고 또 사과했습니다. 장군은 개의치 말라고, 괜찮다고 다시 말했습니다. 그런데 이 사람은 계속해서 다음 날, 또 다음 날 장군의 집으로 찾아가 일부러 그런 것이 아니니까 제발 용서해 달라고 합니다. 결국 장군은 끈질기게 사과하는 남자에게 화를 내며 큰 소리로 외쳤습니다. "꺼져버려." 그 남자는 너무 놀라 집에 돌아가 벌벌 떨다가 쓰러져 죽고 말았습니다.

하나님의 사람 존 맥아더 목사님의 선언입니다. "염려란 우리가 주제넘게 하나님의 능력과 사랑을 불신하는 것이다." 항상 기억해야 합니다. 염려란, 하나님의 능력과 은혜와 사랑을 불신하는 것입니다. 불신앙의 생각입니다. 그것을 계속 붙잡고 있다는 것은 이미 불신앙의 삶을 살고 있다는 것을 스스로 나타내는 것입니다. 그런데도 우리는 항상 염려와 걱정과 불안 속에 살아갑니다. 그 원인을 분명히 알아야 합니다. 예수님께서 그 답을 주셨습니다. "이것은 믿음의 문제다. 믿음이 작기 때문이다." 온전한 믿음이 없다면 항상 불안과 근심과 염려 속에 살아갑니다.

믿음이 작다는 것은 하나님이 없는 생각에 더 많이 빠져있는 것입니다. 하나님이 없는 생각, 그 자체가 병이요, 염려와 걱정으로 가득 찬 삶입니다. 그래서 예수님께서 산상수훈을 통해서 거듭거듭 강조하십니다. 권면을 넘어 명령하십니다. "염려하지 말라." 성도 여러분, 오늘 내게 주신 하나님의 말씀입니다. "염려하지 말라." 하나님의 자녀에게 주시는 말씀입니다. 염려하지 말아야 합니다. 왜냐하면 그것은 불신앙의 삶이요, 하나님과 멀어진 삶이요, 하나님 없는 생각에 이끌린 삶이요, 도무지 믿음이 없는 삶이기 때문입니다. 염려하지 말라고 말씀하십니다.

팔복을 받은 거듭난 하나님의 자녀는, 세상의 소금과 빛의 자녀는 염려를 멈춰야 합니다. 그런데도 계속 염려하면서 하나님을 믿고, 믿음의 삶을 살고, 하나님께 순종한다고 말하는 것은 착각입니다. 잘못된 판단입니다. 성도 여러분, 구원에 이르는 믿음은 추상적인 것이 아닙니다. 눈에 보이지는 않지만, 이것은 하나님께서 주신 은사입니다. 하나님이 주신 선물입니다. 이미 우리 안에 주어진 믿음, 그 믿음이 있기에 우리가 예수를 주로 믿어 하나님의 자녀가 되었습니다. 그러므로 그 믿음은 실재이며, 능력이며, 권세입니다. 그 믿음을 삶에 적용해야 합니다. 믿는 것과 삶이 따로인 사람은 거듭난 하나님의 자녀가 아닙니다. 믿음의 생각에 이끌려 살고, 믿음의 생각에 대한 확신을 품고 살며, 믿음을 내 삶 전체에 적용하며 살아가야 합니다. 그렇지 않고 믿음이 무슨 소유물인 것처럼 여기거나 추상화한다면 믿음의 사람이 아닙니다. 믿는다는 것은 꽉 붙들고 의지한다는 것입니다. 하나님을 믿는다는 것은 붙들고 의지하는 것을 의미합니다. 그렇지 못하면 항상 염려와 불안 속에 살아가게 됩니다.

무엇보다도 하나님의 자녀는 믿음의 자녀이기에 불신자와는 완전히 구별된 인생을 살아가야 합니다. 염려와 근심과 걱정 속에 살아가는 자는 불신자입니다. 그것을 제거하고 은혜와 감사와 찬송 속에, 그리고 소망 중에 살아가는 자가 하나님의 자녀입니다. 예수님께서 오늘 본문 32절에서 이렇게 말씀합니다. "이는 다 이방인들이 구하는 것이라." '무엇을 먹을까, 무엇을 마실까, 무엇을 입을까' 항상 염려하고 걱정하는 것은 이방인들이 하는 것이라고 말씀하십니다. 여기서 "이방인들"은 불신자를 가리킵니다. 이런 걱정은 불신자가 하는 것이라는 말씀입니다. 여기서 멈추고 생각해 보십시오. 우리가 예수 믿기 전에, 거듭나기 전에 이렇게 살았습니다. 그러나 하나님의 자녀는 멈추어야 합니다. 그래서 예수님께서 반복해서 말씀하십니다. "염려하지 말라."

성도 여러분, 불신자는 항상 걱정, 근심, 염려 속에 살아가게 되어 있습니다. 왜 그렇습니까? 이것이 죄의 본성이기 때문입니다. 이것을 제거할 능력이 없습니다. 해결책도 모릅니다. 더욱이 어두운 세상에서 죄의 권세 아래 살아가니까 계속 염려, 근심, 불안, 초조, 긴장, 절망, 두려움 속에 살아갑니다. 그러나 하나님의 자녀는 전혀 다른 차원의 삶을 살아갑니다. 인생관이 다릅니다. 불신자는 최소한 두 가지 관점에 이끌려 오늘을 살아갑니다. 세상에서 원하지 않는 일들, 뜻밖의 사건들이 많이 일어납니다. 그때마다 이성으로 판단이 안 되면 이렇게 말합니다. "우연이다." 세상에 우연으로 보이는 일들이 있습니다. 또는 이렇게 말합니다. "운명이다. 이건 숙명이다." 그러나 하나님의 자녀에게 우연이나 운명이란 것은 없습니다.

왜 그렇습니까? 하나님이 살아계시기 때문입니다. 하나님의 역사가 있기에 우리는 다 이해 못 하지만, 하나님의 뜻 가운데서 됩니다. 운명 또는 우연은 참으로 비이성적인 것입니다. 그런데도 이것을 믿으면서 자신은 이성적이라고 생각합니다. 그리고 하나님은 없다며 불확실성에 살아갑니다. 그러니까 항상 불안과 염려와 걱정 가운데, 두려움 속에 살아가는 것입니다.

살아 계신 하나님의 뜻 가운데 이해하기

성도 여러분, 어떻게 해야 염려와 걱정을 해결하며 오늘을 살아갈 수 있습니까? 그 답은 오직 성경에만 있습니다. 예수님은 육신을 입고 세상에 오셔서, 가장 악한 시대에 많은 고통과 역경과 시련 속에 사셨습니다. 그러나 그 문제를 항상 해결하고 사셨습니다. 예수님의 방식이 무엇입니까? 그 답을 예수님께서 오늘 성경을 통해 우리에게 알려주십니다. 그러므로 이 말씀을 붙들고, 삶에 적용하며, 구별된 인생을 살아가야 합니다. 염려와 걱정, 근심을 해결하지 못해서 쓸데없이 자꾸 방황하지 마십시오. 무슨 이상한 명상센터 다니고, 병원 다니고, 특별한 상담을 받는다고 돌아다니고, 여행 다닌다고 애쓰지 마십시오. 없어지지 않습니다. 그 해결책의 첫 번째는 큰 믿음을 가지는 것입니다. 온전한 믿음을 가질 때만 염려와 걱정을 없앨 수 있습니다. 예수님께서 "작은 믿음을 가진 자"라고 말씀하십니다. 이 믿음으로는 승리하지 못합니다. 하나님께서 우리에게 주신 믿음은 작은 믿음이 아닙니다. 그것을 작게 만든 것은 인간입니다. 나 자신을 축소시키고, 가치 없게 만듭니다. 오직 한 분이신 창조주 하나님을 나의 하나님 아버지로 믿습니다. 정말 믿고 신뢰하며 살아가야 합니다. 예수님의 삶의 방식이 그것입니다. 세상에 무슨 일이 일어나든, 전쟁과 폭력이 있든, 자신을 죽이려 하든, 하나님 아버지만을 믿는 깨끗하고 단순한 큰 믿음으로 승리할 수 있습니다.

오늘 본문 32절에서 이렇게 말씀하십니다. "너희 하늘 아버지께서 이 모든 것이 너희에게 있어야 할 줄을 아시느니라." 하나님 아버지께서, 창조주 하나님께서 세상의 모든 일을, 지금 내가 당한 모든 상황을 아신다고 말씀하십니다. 이것을 믿어야 합니다. 이것은 복잡한 게 아닙니다. 그래서 어린아이와 같은 믿음이라고 말씀하십니다. 이것은 내 노력으로 되는 것이 아닙니다. 하나님이 주신 믿음대로 믿으면 됩니다. 그런데 스스로의 꾀로 자꾸 변질시킵니다. 전지전능하신 하나님을 그대로 믿어야 합니다. 그러므로 하나님의 자녀에게는 우연이란 없습니다. 운명도 없습니다. 하나님의 뜻과 섭리 가운데 되는 것입니다. 나의 모든 상황과 세상의 모든 불행과 어려운 나쁜 상황을 하나님께서는 다 아십니다. 그 믿음으로 살아갈 때 염려와 걱정은 축소되고, 제대로 살 수 있습니다. 그러므로 온전한 믿음이란 하나님께 맡기는 것입니다. 의지하는 것입니다. 왜 그렇습니까? 하나님이시니까요. 하나님이 아시니까요. 이것이 믿음의 생각이요, 결단입니다.

그런데 우리가 잘 아시는 대로 분명히 이렇게 믿고 싶고, 믿음으로 모든 것을 하나님께 의존하며 살고 싶은데, 이것이 갑자기 안 됩니다. 그리고 항상 지속되지 않습니다. 무엇을 의미합니까? 훈련이 필요합니다. 영적 훈련의 과정이 필요합니다. 대표적인 예가 구약성경에 나타난 광야 40년입니다. 성경은 이 사건을 반복해서 다룹니다. 출애굽의 역사에서 이스라엘이 엄청난 하나님의 능력으로 기적을 경험하며 출애굽을 합니다. 분명히 하나님을 믿었습니다. 능력을 보았습니다. 그리고 자신들은 선민이고, 특별한 하나님의 자녀라고 확신했습니다. 문제는 직면하는 여러 상황 속에서 다시 염려와 걱정으로 불신앙의 행위를 합니다. 이것은 전인격적으로 하나님이 주시는 믿음을 축소시키고 변질시키는 것입니다. 그래서 광야 40년이 필요했습니다. 그 광야 40년 동안 그들은 어떻게 먹고 삽니까? 하늘에서 만나가 내려옵니다. 하지만 하나님께서는 한꺼번에 주지 않으십니다. 매일매일 주십니다. 매일매일 때를 따라 주시는 하나님의 은혜를 갈망하고, 체험하고, 확신해야 비로소 우리에게 주신 믿음이 온전하게 나타난다는 말씀입니다. 이것이 인간의 죄의 속성입니다. 뭔가 다 가진 것 같으면 까불게 됩니다. 뭔가 갈급하고, 병들고, 한계에 부딪힐 때 하나님을 찾게 됩니다. 그렇기에 때를 따라 주시는 은혜를 정말 붙들고 오늘을 살아갈 때, 그 사람이 복 있는 자입니다. 염려와 걱정을 제거하며 승리하게 됩니다.

히브리서 11장을 보십시오. 믿음의 선진들, 위대한 믿음의 사람들이 나타납니다. 특별히 모세는 믿음으로 생각하고 왕궁을 버립니다. 당시에 애굽은 전 세계를 지배하던 제국입니다. 그 화려한 성공의 삶을 버리고 광야로 들어갑니다. 왜 그렇습니까? 이것이 믿음의 결단으로, 오직 하나님만을 의존했기 때문입니다. 그리고 그는 그 과정을 거쳐서 위대한 믿음의 지도자가 됩니다. 그들 모두는 하늘의 본향을 보았습니다. 땅을 보지 않았습니다. 왜 그렇습니까? 믿음의 생각이 그렇게 이끌어 갔기 때문입니다. 그리고 승리합니다. 로마서 8장 28절, 유명한 말씀입니다. "모든 것이 합력하여 선을 이루느니라." 하나님의 자녀에게 그렇다는 것입니다. 전지전능하신 하나님께서 모든 것을 아시므로 믿음의 자녀를 보호하시고 인도하시어 온전한 믿음을 주심으로 모든 것이 합력하여 선을 이룬다고 말씀하십니다. 참으로 귀한 약속입니다.

하나님과 바른 관계 속에 살아가기

또 다른 해결 방식은 더 적극적입니다. 하나님과 바른 관계 안에 있어야 합니다. 하나님의 뜻에 일치하는 삶을 살지 못하면 또다시 염려와 걱정과 불안에 붙잡히게 됩니다. 그래서 예수님께서 유명한 오늘 본문 33절의 말씀을 우리에게 주십니다. "그런즉 너희는 먼저 그의 나라와 그의 의를 구하라 그리하면 그 모든 것을 너희에게 더하시리라." 먼저 그의 나라와 그의 의를 구하라고 하십니다. 성도 여러분, 염려와 걱정과 근심이 있으면 반드시 해야 할 일을 안 하게 됩니다. 자꾸 뒤로 미루고, 하지 못하게 됩니다. 또한 반드시 해야 할 일을 안 하니, 다시 염려와 걱정에 사로잡히게 됩니다. 악순환입니다. 그래서 분명히 말씀하십니다. 너희가 하나님의 자녀로 날마다 승리하기를 원하거든 먼저 그의 나라와 그의 의를 구하라고요. 항상 묵상하며 실천해야 합니다. 여기서 "먼저"라는 말씀은 우선순위를 두라는 것입니다. 최우선 순위입니다. 매일매일의 최우선 순위를 간절히 추구하고, 구하며, 열심히 찾으라는 것입니다. 하나님의 나라와 의, 천국과 십자가의 복음입니다. 항상 갈망하며, 묵상하며, 순종해야 합니다. 그럴 때 우리 안에서 염려와 근심은 사라지게 됩니다.

그래서 예수님께서 가르쳐 주신 기도가 주기도문입니다. 항상 깨어 기도하라고 주기도문을 주십니다. 그 기도문의 구조를 주목해야 합니다. 먼저 구해야 할 것이 하나님의 이름, 하나님의 나라, 하나님의 뜻입니다. 그다음이 나와 세상의 문제입니다. 그런데 이 순서가 항상 뒤바뀝니다. 하나님을 부르면서도 항상 나와 세상이 먼저이고, 하나님의 뜻과 하나님의 나라와 하나님의 의는 두 번째입니다. 그러니 근심과 염려에서 벗어날 수 없습니다. 골로새서 3장 1절에서 말씀하십니다.

"위의 것을 찾으라." 하나님의 자녀는, 복음의 사람은 항상 천국을 갈망하고 준비하며, 살아 계신 그리스도를 소망하면서 오늘을 살아갑니다. "위의 것을 찾으며, 땅의 것을 생각하지 말라." 이것이 그리스도인의 인생관입니다. 그것이 하나님과 바른 관계를 맺는 방식입니다. 그럴 때 염려와 걱정은 작아지고 사라지게 됩니다.

한날의 괴로움은 그날로 족하니라

그리고 예수님께서 최종 결론, 최종 해결의 방식을 주십니다. 그것이 오늘 본문 34절입니다. "그러므로 내일 일을 염려하지 말라 내일은 내일이 염려할 것이요 한 날의 괴로움은 그날로 족하니라." 이것은 잠언입니다. "한날의 괴로움은 그날로 족하니라." 항상 묵상하며 실천해야 합니다. 우리는 모두 세상에서 항상 역경과 고통과 시련 속에 살아갑니다. 대다수가 내 잘못에서 비롯되었지만, 뜻하지 않은 일도 있고, 지도자의 잘못인 것도 있고, 세상 풍조의 흐름 때문인 것도 있습니다. 근심과 염려는 떠나갈 수가 없습니다. 예수님도 이 땅에 오셔서 똑같은 일을, 아니 더한 일을 체험하셨습니다. 그런데도 항상 그 문제를 해결하며 사셨습니다. 온전한 믿음으로 주의 나라와 주의 의를 먼저 구함으로, 그 문제를 제한시키셨습니다. 그래서 "한 날의 괴로움으로"라고 말씀합니다. 어떤 큰일이 있든 하나님께서 아시는 일입니다. 하나님께 기도한 자는 한 날의 괴로움으로 축소시킵니다. 믿음으로 작게 만들어 가야 합니다. 이것이 예수님의 방식입니다. 그래서 말씀하십니다. "내일 일을 위하여 염려하지 말라 내일 일은 내일이 염려할 것이요."

근심과 걱정이 있으면 내일에 소망이 없습니다. 자꾸 망치게 됩니다. 그 근심과 염려가 '내일'까지 지배하게 됩니다. 더 나아가서 내일, 아직 생기지 않은 그 일로 인해서 걱정하고 근심하면 오늘까지 망치게 됩니다. 여기서 초점은 '오늘'입니다. "오늘을 바르게 살아라. 오늘을 최선을 다해 살아라. 걱정과 염려 때문에 오늘을 망치지 말라. 그렇지 않으면 미래도 없느니라." 그 말씀을 주십니다.

2001년, 조지 부시 대통령이 모교인 예일대 졸업식에서 이런 연설을 했습니다. "우수한 성적을 거둔 졸업생 여러분, 잘했다는 축하의 말씀을 드립니다. 그리고 C 학점을 받은 학생들에게는 이렇게 말씀드리겠습니다. 걱정하지 마십시오. 저처럼 경제학 수업 C 학점을 받아도 미합중국의 대통령이 될 수 있습니다." 그렇지 않습니까? 염려하고 걱정한다고, C 학점을 받았든 뭘 받았든 미래는 아무도 모릅니다. 미래는 하나님께 있습니다. 그런데도 불안해하고 걱정해서 미래를 망쳐서야 되겠습니까? 어리석은 자입니다.

『탈무드』에 "현재는 항상 미래의 출발점이다"라는 격언이 있습니다. 이것은 과학자 아인슈타인의 좌우명이기도 합니다. 그는 이 격언을 항상 수첩에 적어놓고, 거기에 순종하며 살았습니다. 왜 그렇습니까? 현재의 중요성을 스스로에게 항상 알게 하기 위해서입니다. 염려와 걱정 때문에 현재, 오늘을 망치면 미래는 없기 때문입니다. 한번 잘 생각해 보십시오. 새로운 미래, 새로운 내일을 기대하면서 어제와 오늘이 같다면 아무 일이 일어나지 않습니다. 어제와 오늘 같은 내일이 있을 뿐입니다. 정말 새로운 미래를 원한다면, 과거는 이미 지나간 것이고 오늘에 초점을 맞추어야 합니다. 오늘, 믿음의 삶을 살아야 합니다. 오늘 깨어 기도하고, 또한 오늘 주의 나라와 주의 의를 구하며, 그리고 오늘 내가 당한 모든 현실의 문제를 한 날의 괴로움으로 제한시켜야 합니다. 그래야 오늘에 최선을 다함으로 새로운 미래를 열어가게 됩니다.

대문호이며 하나님의 자녀인 톨스토이는 항상 자신에게 세

가지 질문을 하면서 스스로 답을 생각하고, 그리고 실천했다고 합니다. 세 가지 질문은 '이 세상에서 가장 중요한 사람은 누구인가?, 이 세상에서 가장 중요한 일은 무엇인가?, 이 세상에서 가장 중요한 때는 언제인가?' 입니다. 그는 이러한 질문에 대해서 준비된 답이 있었습니다. "가장 중요한 사람은 지금 만나는 사람이고, 가장 중요한 일은 지금 하고 있는 일이고, 가장 중요한 때는 바로 지금이다." 성도 여러분, 믿음의 자녀는, 하나님의 자녀는 오늘을 살아가는 존재입니다. 신학적으로 생각하면, 오늘과 그날, 둘밖에 없습니다. 내일, 미래는 다 가오지 않은 하나님께 속한 것이고, 과거는 지나갔으니 중요한 것은 오늘입니다.

성도 여러분, 예수님은 하나님 나라를 전하셨습니다. 천국 복음을 주셨습니다. 그런데 교회와 그리스도인이 죽은 다음의 사후세계만 자꾸 생각하며 얘기를 합니다. 예수님의 의도는 그런 것이 아닙니다. 메시지는 오늘입니다. "오늘 하나님 나라가 왔느니라." 오늘을 말씀하십니다. 그런데 오늘은 내 마음대로 살면서 미래의 천국만 꿈꾼다면 그런 인생에 무슨 결과가 있겠습니까? 불신앙입니다. 영생, 오늘 내게 주신 것입니다. 하나님이 사시는 생명, 새로운 생명입니다. 죽은 다음에 영생을 받아 천국 들어가는 것이 아닙니다. 그런데 스스로 하나님의 말씀을 왜곡해서 이 작은 믿음에 끌려갑니다. 염려와 걱정이 멈추지 않습니다. 이것은 잘못된 것입니다. 당연히 천국 가서 살아 계신 그리스도를 만납니다. 그러나 중요한 것은 오늘입니다. 오늘 살아 계신 그리스도와 믿음으로 연합하며, 그리스도를 본받고 따르며, 그리스도와 함께하는 것이 가장 중요한 오늘의 일입니다. 그래서 주께서 말씀하십니다. "내일 일은 내일 염려할 것이다. 최선을 다해 오늘을 살아라. 수많은 역경과 시련과 근심거리가 있는 걸 안다. 한 날의 괴로움으로 제한시켜라."

성도 여러분, 미래는 오직 하나님께 달려 있습니다. 인간은 미래를 알지 못합니다. 하나님의 섭리로 인간의 한계를 정하셨기 때문입니다. 세상에는 미래를 안다며 스스로를 지혜자로 자청하는 많은 사상가와 지도자와 종교 창시자들이 있습니다. 하지만 성경을 자세히 보십시오. 믿음의 생각으로 보십시오. 다 헛것입니다. 알지 못합니다. 세상의 미래 때문에 불안하고 걱정되십니까? 온갖 되는 일을 보니까 세상이 엉망진창 될 것 같고, 대한민국의 미래가 한심합니까? 이것 때문에 염려하고, 걱정하고, 절망하고, 두려워하면서 남을 비난하며 살아가십니까? 멈추십시오. 불신앙입니다. 하나님께서 다 아시는 일입니다. 하나님을 경외하지 않는 사람이 어떻게 복을 받습니까? 하나님의 뜻대로 되고 있습니다. "세상은 어둠이다." 성경은 명백하게 선언합니다. 이 어두운 세상에는 항상 폭력과 불의와 불평등이 있을 것이요, 전쟁과 질병과 재난이 있을 것입니다. 그러므로 염려와 걱정을 멈추십시오. 오늘 내게 주어진 인생, 오늘 현재에 최선을 다하십시오. 그래야 승리할 수 있습니다. 전도서 8장 14절에 보면 헛된 일에 대하여 이런 기록도 있습니다. "세상에서 행해지는 헛된 일이 있나니 곧 악인들의 행위에 따라 벌을 받는 의인들도 있고 의인들의 행위에 따라 상을 받는 악인들도 있다는 것이라 내가 이르노니 이것도 헛되도다." 엉망진창입니다. 성경의 이 말씀은 솔로몬이 알고, 하나님께서도 아시는 일입니다. 우리도 가만히 생각해 보면 정말 그런 게 세상입니다. 그런데 그런 것들로 염려, 걱정, 근심하며 잘못된 인생을 살아서야 되겠습니까?

하나님의 자녀는 살아 계신 하나님을 믿음으로 오늘을 살아갑니다. 하나님께 모든 것을 맡기고, 모든 것을 아시는 전지전능하신 하나님께 의탁하고, 하나님을 의지하며 오늘을 살아가야 합니다. 그래서 먼저 주의 나라와 주의 의를 구하며, 모든 염려와 걱정과 시련을 한 날의 괴로움으로 제한시키며, 믿음의 생각에 이끌리어 오늘을 살아가야 때를 따라 주시는 은혜, 구하지 아니하는 은총도 받으며 날마다 승리하게 됩니다.

성령께서는 우리 안에 계셔서 오직 믿음으로 승리하게 하십니다. 오직 믿음으로 주와 연합하여 그리스도를 본받으며, 따르며, 그리스도의 영광을 나타내게 하십니다. 그 속에서 염려와 걱정과 불안은 제거될 것입니다. 하나님의 사람 조지 뮬러는 선언합니다. "염려의 시작은 믿음의 끝이고, 믿음의 시작은 염려의 끝이다."

† 기도

창조주이시며 거룩하신 하나님 아버지. 전지전능하신 하나님을 나의 하나님 아버지로 신앙고백하고, 하나님을 찬송하면서도 실제 삶 속에서는 스스로 주인이 되어 믿음의 생각을 버리고, 고귀한 믿음을 추상화하며, 믿음의 결단을 내리지 못하며, 하나님의 말씀에 불순종하며, 원망과 불평과 근심과 염려 속에 살아가는 어리석은 죄인을 불쌍히 여겨주옵소서. 나의 주 성령이시여, 하나님의 은사인 고귀한 믿음을 소중히 여기며, 그 믿음으로 하나님만을 소망하며, 붙들고, 신뢰하며, 의지하여 주의 나라와 주의 의를 먼저 구하며, 주의 말씀대로 모든 시련과 역경과 고통을 한 날의 괴로움으로 제한시켜, 불신자와는 구별된 담대한 승리의 인생을 살아가도록 지켜주옵소서. 오늘 주께서 내게 주시는 말씀에 귀를 기울이게 하시고, 그 믿음이 삶 전체에 적용되어 믿음의 생각에 이끌려 살며, 믿음의 주를 소망하며, 믿음의 승리를 체험하는 모든 하나님의 자녀 되게 지켜주옵소서. 우리 주 예수 그리스도의 이름으로 간절히, 간절히 기도드리옵나이다. 아멘.

9장

들보와 티

09 | 들보와 티

비판을 받지 아니하려거든 비판하지 말라 너희가 비판하는 그 비판으로 너희가 비판을 받을 것이요 너희가 헤아리는 그 헤아림으로 너희가 헤아림을 받을 것이니라 어찌하여 형제의 눈 속에 있는 티는 보고 네 눈 속에 있는 들보는 깨닫지 못하느냐 보라 네 눈 속에 들보가 있는데 어찌하여 형제에게 말하기를 나로 네 눈 속에 있는 티를 빼게 하라 하겠느냐 외식하는 자여 먼저 네 눈 속에서 들보를 빼어라 그 후에야 밝히 보고 형제의 눈 속에서 티를 빼리라

(마태복음 7:1-5)

교훈적인 우화를 하나 소개하겠습니다. 동물의 왕인 사자가 병이 들자 이리를 포함해 숲속의 많은 동물이 병문안을 갔습니다. 평소에 여우가 못마땅했던 이리는 사자에게 "이곳에 여우만 오지 않았습니다" 하고 말했습니다. 뒤늦게 여우가 왔을 때 사자는 왜 이리 늦었느냐고 소리를 질렀습니다. 그러

자 여우는 "대왕님의 약을 구하느라 늦었습니다"라고 대답했습니다. "그래, 약은 구했느냐?"라고 사자가 묻자, 여우는 대답했습니다. "이리의 가죽을 뒤집어쓰시면 낳는다고 합니다." 사자는 즉시 이리를 잡아 죽여 그 가죽을 뒤집어썼습니다. 여우는 물러나면서 중얼거렸습니다. "이리야, 네가 사자에게 선한 말을 했더라면 내가 악으로 갚지 않았을 텐데." 깊이 생각해 보시기 바랍니다.

비난과 정죄는 죄의 본성

모건 블레이즈의 글입니다. "나는 치명적인 타격을 가할 수 있는 힘과 기술이 있다. 나는 상대방을 죽이지 않고도 승리할 수 있다. 나는 가정과 국가, 그리고 어떤 조직도 파괴할 수 있고, 수많은 사람을 파멸시킬 수 있다. 나는 바람에 날개를 타고 여행한다. 아무리 순결한 사람이라도 내게는 무력하고, 아무리 깨끗한 사람도 내게는 더럽다. 나는 바다보다 더 많은 노예를 거느리고 있으며, 나는 결코 망각하지 않으며, 결코 용서하지 않는다. 내 이름은 비난이다."

성도 여러분, 타인을 비난하고 정죄하는 것은 모든 인간 속에 내재되어 있는 죄의 본성입니다. 비난과 정죄는 죄의 속성이며, 파괴적인 영향력을 갖고 있다는 것을 항상 인식하며 살아가야 합니다. 그럼에도 불구하고 그것들이 우리 안에 습관화되어 있습니다. 어느 누구도 예외가 아닙니다. 쉽게 비난하고, 아무렇지도 않게 정죄하며, 그리고 다음날이면 잊어버립니다. 오늘날 대표적으로 '악플'이라는 게 그렇습니다. 아주 나쁜 행위입니다. 그런데도 사회는 묵인하고 조장하는 것 같습니다. 특별히 내 편에서 그런 일이 벌어지면 아무렇지도 않다고 말합니다. 참 어리석은 일입니다. 이런 비난과 정죄를 진실을 알기도 전에 한다는 데 가장 큰 문제가 있습니다. 무엇보다도 사실을 알아야 하는 것 아닙니까? 부분이 아닌 사건의 진실, 전체를 알려고 노력해야 하는데 거기에는 관심이 없습니다. 작고 부분적인 편견에 붙들려서 너무도 쉽게 타인을 비난하고 정죄합니다. 결국 사람을 공격합니다. 진실과 사실에 또는 죄에 대한 관심은 없고 사람을 공격합니다. 그러므로 이 모든 것은 사탄의 역사입니다.

『탈무드』에 있는 글입니다. "험담하는 것은 살인보다 위험하다. 살인은 한 사람을 죽이지만, 험담은 세 명을 해친다. 험담하는 장본인, 그를 제지하지 않고 듣고 있는 사람, 그리고 험담의 대상이 되는 사람이다." 그래서 성경은 곳곳에서 반복하여 강조하며 경고합니다. "비판하지 말라. 비난하지 말라. 정죄하지 말라. 험담하지 말라." 이것이 하나님의 말씀입니다. 왜냐하면 그것은 무서운 죄이며, 타인에게 파괴적인 영향력을 끼치기 때문입니다. 특별히 하나님은 하나님의 자녀에게 깊은 관심과 사랑으로 말씀하십니다. "비판하지 말라. 정죄하지 말라." 하나님의 자녀는 하나님 앞에서 항상 생각해야 합니다. 하나님이 보시기에 이런 것들은 악한 행위입니다. 이것은 단지 인간관계를 파괴하는 것뿐만이 아닙니다. 더 중요한 것은 하나님과 나와의 관계가 깨지는 것입니다. 아무리 예수님의 이름으로 기도하고, 하나님의 복음을 찬양하고, 교회에서 봉사한다고 할지라도 일상에서 타인을 비난하고 정죄하고 심판할 때, 순식간에 하나님과 나의 관계가 깨어집니다. 이것을 분명히 인식하며 오늘을 살아가야 합니다.

어떤 가톨릭 신부가 술주정뱅이와 같은 버스를 타게 되었습니다. 술주정뱅이가 그 신부에게 물었습니다. "신부님, 관절염은 왜 걸리는 겁니까?" 신부님이 가만히 보니까 이 사람이 술주정뱅이 같아 보였습니다. 그래서 좀 교훈을 주려고 이렇게 조언했습니다. "술을 많이 마시고 방탕한 생활을 하면 관절염이 걸립니다. 술을 멀리하면 관절염이 사라질 것입니다." 그러자 술주정뱅이가 이렇게 대답했답니다. "그렇군요. 오늘 신문을 보니까 교황께서 관절염에 걸리셨다고 나와서요."

비판하지 말라

오늘 우리에게 주신 하나님의 말씀입니다. "비판하지 말라 (Do not judge)." 내게 주신 주의 말씀입니다. 성도 여러분, 이 말씀에 순종하며 세상 속에서 구별된 담대한 인생을 살아가고 있습니까? 이 말씀은 가장 무시당하고 있으며, 특별히 그리스도인에게도 왜곡되고 남용되는 말씀 중 하나입니다. 분별하여 이 말씀을 깊이 생각해야 합니다. 여기서 '비판'이라는 단어는 한국어 번역의 문제이기는 하겠지만, critic을 말하는 것이 아닙니다. '비판'은 영어로 critic 또는 judge인데, 예수님께서 말씀하신 비판은 judge입니다. "Do not be a critic"이 아닙니다. 이 critic과 judge는 큰 차이가 있습니다. critic은 반드시 필요합니다. '비평적 비판'이라고 말할 수 있습니다. 비평적 비판은 잘못된 것을 고치고, 사람을 온전케 합니다. 하나님의 자녀는 항상 비평적 비판 속에서 스스로를 점검하며 오늘을 살아가야 합니다. 그것은 건설적인 것입니다. 그러나 judge는 달라서 '정죄' 또는 '심판'으로 번역되는데, 험담과 비난을 통해서 정죄하고 심판하는 것을 말합니다. 한마디로 파괴적인 것입니다. 예수님께서 비판하지 말라고 말씀하시는 것은 'Do not judge'임을 항상 분별해야 합니다.

하나님의 자녀라면 잘 생각해 보십시오. 항상 하나님 앞에서, 성경말씀 앞에서 비판(critic)을 받아야 합니다. 비평적 비판을 받아야 잘못된 걸 고치며, 온전한 믿음의 사람으로 성숙해져 갑니다. 만일 그런 비평이 없다면 부지불식간에 영적 무지와 무감각 속에 빠지게 됩니다. 이 비판은 비판 자체가 목적이 아닙니다. 사람을 온전케 하는, 회개와 믿음을 주기 위한 목적을 가지고 있습니다. 그래서 항상 예수 그리스도 안에서 생각합니다. 예수 그리스도를 바라보고, 그리스도를 본받으며, 그리스도의 말씀을 생각할 때 옳고 그름을 판단하게 됩니다. 항상 복음의 생각에 이끌리어 비평적 비판을 하며 오늘을 살아가야 분별력을 가지고 승리할 수 있습니다. 예수 그리스도 안에서, Yes 또는 No라고 분명히 비평하고 판단하며 회개와 믿음으로 오늘을 살아가야 합니다. 그런데 이 말씀을 문자 그대로 받아들이며 자기 멋대로 해석해서 왜곡하고, 남용하는 경우가 너무나 많습니다. 그래서 바른 비평을 하는데도 불구하고, 이 본문 말씀을 빗대어, 비판하지 말라고 주께서 말씀하시지 않았느냐며 침묵하라고 합니다. 성경에서 그렇게 말씀하지 않느냐고 하면서 무조건 화해하고 연합하라고도 말합니다. 그런데 어떻게 예수님과 바리새인이 하나가 됩니까? 어떻게 하나님 나라와 세상이 하나 될 수 있겠습니까? 그런데도 이 말씀을 왜곡하고 남용합니다.

성도 여러분, 하나님의 말씀이 선포될 때는 항상 구원과 심판이 동시에 나타납니다. 하나님의 말씀을 전하면서 복받고 잘 되는 것만, 구원받는 것만 말한다면 그것은 반쪽짜리입니다. 왜곡된 진리를 선포하는 것입니다. 하나님의 말씀이 선포되었을 때 믿음으로 구원받지만, 믿지 않는 자는 심판받습니다. 이미 마음이 심판받았습니다. 마음이 굳어진 것입니다. 죄의 본성은 회개하지 않는다는 사실을 알아야 합니다. 복음의 진리가 선포될 때도 항상 천국과 지옥이 동시에 나타납니다. 천국만 얘기하면 가짜 복음이 되고 맙니다. 우리는 항상 진리 앞에서, 복음 앞에서 비평 받아야 합니다. 그리고 세상에 대해서 비평해야 합니다. 하나님이 보시기에 죄의 권세가 있고, 어둠이 있습니다. 그것을 성경말씀에 근거하여 분명히 말해줘야 합니다. 무엇보다도 세상의 많은 종교는 하나님이 보시기에 우상입니다. 비평해야 합니다. 침묵한다면 그는 하나님의 자녀가 아닙니다. 그러므로 오늘 본문 말씀을 남용하고 왜곡해서는 안 됩니다.

불신앙에서 비롯된 비판

오늘 성경말씀에서 비판하지 말라는 것은 영어로 "Do not judge"입니다. 험담, 비난, 정죄, 심판을 하지 말라는 것입니다. 예수님이 산상수훈을 통해서 위대한 설교를 하시는데, 그 마음속에 항상 한 대상이 자리하고 있었습니다. 그들은 바리새인과 서기관과 당시의 종교 지도자들입니다. 그래서 팔복을 선언하신 후에도 곧바로 율법에 관해서 말씀하십니다. 율법이 왜곡되었음을 지적하십니다. 그리고 바리새인과 서기관을 언급하십니다. "너희들이 저들보다 낫지 않으면 천국에 들어가지 못한다." 아예 기준을 바리새인과 서기관으로 잡았습니다. 한마디로 저들은 불신앙의 사람들로 천국에 들어가지 못한다고 하시며 예로 들어 설명하신 것입니다.

바리새인은 스스로 하나님의 백성이요, 하나님께 영광 돌린다고 말합니다. 그래서 표면적으로는 훌륭하고 도덕적인 하나님의 사람이라고 할 수 있습니다. 그러나 이면적으로, 내적으로는 위선자입니다. 복음을 왜곡했습니다. 구제하면서 은밀하게 행하는 것이 아닙니다. 소문을 다 내면서 구제합니다. 기도를 하면서 자기 방에 들어가 조용히 하나님과 대화하는 것이 아닙니다. 꼭 사람이 많은 데서 큰 소리로 중얼중얼 떠들어댑니다. 금식하면서 자랑하고, 소문을 내고 다닙니다. 이렇게 하지 말라고, 이건 하나님의 뜻이 아니라고 말하면서도 정작 본인들은 제멋대로 합니다. 그러면서 다른 사람에 대해서 금식하지 않고, 기도 생활이 짧다고 정죄합니다. 구제하지 않는 사람이나 자기만큼 못하는 사람에 대해서는 가차 없이 비난하고 정죄합니다. 이것이 바로 불신앙입니다. 스스로 자신들은 하나님의 자녀라고 말하면서 거침없이 타인을 정죄하고 비판합니다. 바로 이러한 사건이, 그리고 이렇게 말하는 그들이 예수님의 마음속에 아주 불편하게 자리 잡고 있는 것입니다.

그러므로 이런 상황을 생각하면 오늘 말씀을 잘 이해할 수 있습니다. 비판하지 말라는 것은 먼저 자기 의를 버리라는 것입니다. 자기 의가 문제입니다. 바리새인의 자기 의가 문제입니다. 오늘도 보십시오. 자기 의가 높은 사람일수록 사실은 표면적으로 아주 도덕적이고 많은 선행을 한 사람들입니다. 그러나 깊이 보면 그것 때문에 타인을 비난하고 정죄합니다. 경건이 없고, 겸손이 없습니다. 자기 의가 문제입니다. 누가복음 18장에 바리새인과 세리의 기도가 기록되어 있는데, 바리새인들이 "하나님, 감사합니다" 하면서 이렇게 기도합니다. "이 세리와 같지 아니한 것을 감사합니다." 바로 옆에서 세리가 듣고 있는데, 함께 예배하고 있는데 이렇게 기도한 것입니다. 이런 악한 짓을 하지 말라는 것입니다. 왜 그렇습니까? 자기 의에 끌려서, 자기 의의 기준으로 자기 의보다 못한 사람을 정죄하고, 판단하고, 심판하기 때문에 이것이 더 큰 죄라는 것을 우리에게 말씀하고 계십니다.

또한 비판하지 말라고 하시는 것은 그것이 성령의 역사가 아니기 때문입니다. 예수님께서 팔복의 말씀을 선언하신 후에 "너희는 세상의 소금과 빛이다"라고 말씀하셨습니다. 그런데 "아멘" 하고 나가서 쉽게 비판하고, 험담하고, 정죄하고, 도무지 불신자와 구별되지를 않습니다. 예수 믿기 전과 후가 전혀 달라지지 않았습니다. 이런 짓을 하지 말라는 것입니다. 그건 성령의 역사가 아니기 때문입니다. 성령께서 역사하신다면 그렇게는 안 하실 것이기 때문입니다. 지금 성령께 사로잡힌 것이 아니고, 옛사람의 영에, 세상의 영에, 죄의 영에 붙들려 아주 못된 습관이 들었습니다. 그것을 회개하지 않고, 아무렇지 않다는 듯이 쉽게 정죄하고 판단하는 일을 멈추라는 것입니다. 무엇보다도 정죄와 심판은 오직 하나님께 있습니다. 전지전능하신 하나님만이 심판장이십니다. 하나님께서 모든 것을 지금 알고 계십니다. 그 하나님을 나의 하나님 아버지로 믿으면 비판하지 말라는 것입니다. 왜 그렇습니까? 하나님께서는 죄를 기억하시고 반드시 심판하시기 때문입니다. 그것이 영원한 진리입니다. 그러므로 비판하지 말라고 주께서 말씀하십니다.

그러면서 더 구체적으로 비판하지 않아야 할 이유를 상세하게 오늘 성경에 기록하고 있습니다. 먼저는 이 말씀입니다. "비판을 받지 않으려거든." 이것을 항상 기억하십시오. 누가 비판받기를 좋아하겠습니까? 그러므로 자신이 타인으로부터 정죄와 험담과 비난과 심판을 받지 않으려거든 비판하지 말라는 것입니다. 우리의 주변 일상을 생각해 보십시오. 오늘날 사회에서 가장 많이 타인을 비판하고 정죄한 정치인들이나 지식인들은 곱빼기로 비판받습니다. 남을 비판하면 그 비판이 내게 돌아옵니다. 이것이 하나님의 경륜입니다. 남을 쉽게 비판할수록 쉽게 내가 판단을 받습니다. 그러므로 비판하지 말라고 말씀하십니다. 그리고 더 깊은 숨은 뜻이 있습니다. "비판을 받지 않으려거든" 구절 앞에는 주어가 생략되어 있는데, 주어를 생각하면 "하나님으로부터 심판받지 아니하려거든"입니다. 우리는 하나님의 자녀입니다. 하나님으로부터 정죄 받지 않고, 심판받지 않으려거든 비판하지 말라고 하십니다. 하나님의 자녀이기에 천국에 들어가지만, 현재적 심판이라는 것이 있습니다. 징계가 있습니다. 그러므로 죄를 짓지 말라고, 하나님과 너와의 관계를 깨지 말라고, 비판하지 말라고 주께서 말씀하십니다.

들보와 티

그리고 잠언으로 항상 기억하며 실천하도록 명백하게 우리에게 메시지를 주십니다. 그것이 '들보와 티'입니다. 참으로 유명한 잠언입니다. 들보는 큰 기둥입니다. 티는 아주 조그만 것입니다. 들보와 티는 서로 비교가 안 됩니다. 생각해 보십시오. 왜 남을 쉽게 비판하고 정죄합니까? 자기 눈의 들보를 보지 못하기 때문입니다. 지금 그것을 말씀하십니다. 들보가 문제라는 것입니다. 먼저 네 눈 속에서 들보를 빼라고 하십니다. 그러면 타인을 쉽게 정죄하고 비난하지 않을 것이라는 말씀을 주십니다. 무엇보다도 성령의 역사는 항상 내 안에 있는 들보를 먼저 보게 하고 빼게 합니다. 먼저 회개하게 합니다. 그것을 안 했기에 쉽게 남을 정죄하고 판단한다는 것을 지금 경고하십니다. 성령께 삶을 의지하고 순종하는 자는 항상 영의 생각에 이끌려 살아가게 됩니다. 육신의 생각을 버림으로, 정죄와 비난도 버리게 됩니다. 더 나아가서 주의 나라와 의를 먼저 구하게 하십니다. 그런데 문제는 주의 나라와 의를 먼저 구하지 않았기 때문에 자꾸 사람에 매이고, 비판한 사람에게 사로잡힙니다. 세상의 어둠에 붙들리기 때문에 정죄하고 판단하며 험담하게 됩니다. 그것을 회개하라는 것입니다. 성령의 사람은 먼저 자기 눈의 들보를 보게 됩니다. 그것을 빼지 않았기 때문에 이런 과오를 범하니 비판하지 말라고 말씀하시며, 들보에 대한 잠언을 우리에게 주십니다.

그리고 더 나아가 비판하지 않아야 한다는 말씀은 위선자가 되지 않도록 하시기 위해서 주셨습니다. 오늘 본문 5절은 말씀합니다. "외식하는 자여." 그는 자기 눈에 있는 들보를 보지 못합니다. 그리고 타인의 눈에 있는 티를 뽑으려고 합니다.

이것이 외식하는 자입니다. 무서운 심판입니다. 성경 전체에서 보면 하나님께서 가장 싫어하시고, 참 불편해하신 대상이 바로 위선자입니다. 불신자보다 더 싫어하십니다. 그래서 예수님께서는 계시적인 사건으로 매국노나 창녀와 같은 사람들이 더 비난받아야 하지만 전혀 그렇게 하지 않으시고, 오히려 대중들 앞에서 불쌍히 여기시고 사랑을 베푸셨습니다. 그런데 유독 바리새인과 서기관들에 대해서는 "독사의 자식들아, 화가 있을진저"라고 말씀하셨습니다. 아마 깜짝 놀랐을 것입니다. 왜 그렇습니까? 위선자이기 때문입니다. 외면적으로는 바리새인과 서기관들이 훨씬 더 훌륭합니다. 비교되지 않습니다. 그런데 마음의 중심, 전체를 보니 위선자입니다. 하나님께서 참으로 미워하십니다.

오늘날 참 부끄러운 일이지만, 한국 사회에 만연한 화두가 '내로남불'입니다. 국내적인 시각에서만이 아닙니다. 얼마 전에 방송을 보니까, 외국에서 한국 사회를 보며 특히 정치인들의 삶의 형태를 아예 영어로 'naeronambul'이라고 썼습니다. 본인들도 똑같으면서 말입니다. 그런데 한국 사회에서 이 문제가 유독 심각합니다. 내로남불이 무엇입니까? 위선입니다. 이러고도 하나님께 복을 받을 수 있습니까? 좌파나 우파나 똑같습니다. 특정인만 생각하지 마십시오. 내 편은 빼고, 내가 싫어하는 사람만 생각하지 마십시오. 이런 사람들의 특징 몇 가지가 있습니다. 먼저는 부끄러움이 없습니다. 다 드러났는데도 부끄러워하지를 않습니다. 애초에 수치감이 없습니다. 그렇다고 지식이 없는 것도 아니고, 명예가 없는 것도 아니고, 재산이 없는 것도 아니고, 인물이 모자란 것도 아닌데, 중요한 것은 부끄러움이 없다는 것입니다. 이미 심판을 받았습니다. 복음은 우리에게 부끄러움을 줍니다. 수치감을 느끼게 합니다. 하나님의 은혜와 진리 앞에 부끄러운 것입니다. 그런데 아예 부끄러움이 없습니다. 이거 참 불쌍한 일입니다.

더 나아가 죄에 대한 관심이 별로 없습니다. 죄가 아니라, 사람을 공격합니다. 항상 사람이 대상입니다. 그리고 이것이 악화됩니다. 사실에는 관심이 없습니다. 말뿐이지, 결국 항상 답은 '너'입니다. 사람을 공격하는 것입니다. 만일 어떤 일을 벌인 사람이 내 자녀거나, 내가 사랑하는 사람이라면 진실을 알아야 할 것 아닙니까? 그런데 별 관심이 없습니다. 부분적인 진실의 편견을 가지고 공격합니다. 이게 악하다는 것입니다. 이게 위선입니다. 그리고 가장 큰 위선은 항상 자신을 정당화합니다. 조금 죄스러워하다가도 금방 뻔뻔해집니다. 부끄러움이 없습니다. 자기 정당화가 무엇입니까? 자기 의라는 것입니다. 이것이 사탄의 역사입니다. 죄의 역사가 아니고는 어떻게 이런 일을 당당하게 할 수 있겠습니까? 그래서 비판하지 말라고 말씀하십니다.

사랑 안에서 참된 것을 하라

무엇보다 중요한 이유는 타인을 사랑해야 하기 때문입니다. 이웃을 사랑하라는 말씀에 순종하도록 하나님께서 우리를 부르셨습니다. 그래서 하나님의 자녀 됨을 예수님께서 이렇게 말씀하십니다. "형제의 눈 속에." 그런데 형제로 안 보이고, 나쁜 놈으로 보입니다. 내 눈의 들보를 먼저 빼고, 성령께 순종하고, 영의 생각에 이끌리어 회개하며 하나님의 사랑에 붙들린다면 형제로 보이겠지요. 하지만 형제라는 마음이 없기에 비판하니, 비판하지 말라고 주께서 말씀하십니다. 하나님의 자녀는 하나님의 사랑을 깨닫고 받은 사람입니다. 무한한, 무제한적인 하나님의 사랑을 알고 믿고 확신하며 오늘을 살아갑니다. 그 사랑의 증인으로 부르심을 받았습니다. 그리고 성령께서는 항상 십자가의 복음에 집중하게 하십니다. 그 십자가 안에 하나님의 사랑과 은혜가 가득히 나타나 있습니다. 그것을 깨달을 때마다 자연스럽게 비판과 정죄와 심판을 멈추겠지요. 그리고 그들을 위하여 기도하게 됩니다. 복음의 증인은 이런 인생을 살아갑니다. 그래서 주께서 말씀하십니다. "비판하지 말라." 성경 곳곳에서 강조하며 반복하여 말씀합니다. "비판하지 말라."

하나님의 사람 링컨도 젊은 변호사 시절에는 사람들을 쉽게 비난하며 정죄했다고 고백합니다. 그는 누가 조금만 잘못했다 싶으면 신랄하게 비판하고, 편지를 쓰기도 하고, 신문에 투고하는 일을 서슴지 않았습니다. 어느 날 링컨은 당시 명성이 자자했던 제임스 쉴즈를 비난하는 글을 신문에 실었습니다. 제임스 쉴즈는 화가 머리끝까지 나서 링컨에게 결투를 신청했습니다. 당시에 허락된 방법입니다. 링컨은 결투를 피하고 싶었으나, 피할 수가 없었습니다. 이것은 명예의 문제이고 동시에 살아남아야 했기에 할 수 없이 웨스트포인트의 사관생도에게 칼 쓰는 법을 배우며 열심히 연습했습니다. 죽기 싫으니까요. 이렇게 목숨을 건 결투를 하게 생겼습니다. 아주 불편한 마음으로 현장에 갔는데, 이제 칼을 맞대고 서로 죽이려 하는 순간 참관인들의 노력으로 가까스로 화해하게 됩니다. 이 사건이 링컨에게 엄청난 영향을 끼칩니다. 자기가 쉽게 한 비난과 정죄가 한 사람의 인생에 이렇게 파괴적으로 상처를 주고, 그의 인생을 망칠 수도 있다는 것을 깨달았습니다. 그리고 이후로는 절대 타인을 비난하거나 정죄하는 일을 하지 않았다고 합니다. 비판하지 말라는 말씀에 순종하며 산 것입니다. 대신 어떻게 해서든지 상대방의 장점을 보기 시작했습니다. 장점을 말하기 시작했습니다. 결국 위대한 하나님의 사람이며 대통령인 링컨이 됩니다.

성도 여러분, 에베소서 4장 15절에 기록된 하나님의 말씀입니다. "오직 사랑 안에서 참된 것을 하라." 이것을 영문으로 보면 "speaking the truth in love"입니다. 너희는 하나님의 자녀이기에 하나님의 사랑 안에서 진실, 진리만을 말하라는 것입니다. 쉽게 판단하고 정죄하며 심판하지 말고 참된 것을 말하라는 것입니다. 이것이 구별된 하나님의 자녀의 언행입니다. 옛사람과 구별되어야 합니다. 불신자와 달라야 합니다. 그래야 하나님께 영광 돌리는 형통한 삶을 살아가게 됩니다. 항상 성령께 삶을 의지하고 순종해야 합니다. 오직 성령만이 내 안에 있는 세상의 영, 죄의 영, 인간의 영을 제거하십니다. 참된 영의 역사로 진리를 보고 판단하며 진실을 말하도록 우리를 변화시키십니다. 또 우리를 예수 그리스도께로 인도하시며, 그리스도의 마음과 생각과 지식을 본받아 십자가의 복음에 집중하게 하십니다. 이제 우리는 그 복음 안에 나타난 하나님의 은혜와 사랑에 초점을 맞추게 됩니다. 나를 향한 하나님의 은혜와 사랑을 붙들 때 우리는 비로소 변화된 삶을 살며, 하나님의 말씀에 순종하게 됩니다. 그 은혜와 사랑에 합당한 삶을 통하여 비난과 정죄와 심판을 버리고, 오직 사랑의 증인으로 사랑 안에서 참된 것을 말하며 하나님께 영광 돌리는 승리의 삶을 살게 되는 것입니다.

† 기도

창조주이시며 거룩하신 하나님 아버지. 오직 예수 그리스도를 나의 구주로 영접하여 하나님의 자녀가 되었지만, 아직도 살아 계신 그리스도와 동행하는 삶을 살아가지 않고, 그리스도가 나의 주가 되도록 영접하지 못하여 자기 의에 끌리며, 인간의 영에 붙들리며, 세상의 영에 매이어 타인을 쉽게 비난하고 정죄하며 심판하여 성도의 본분을 망각하며, 하나님의 이름을 망령되이 일컫는 불신앙의 삶을 살아가는 죄인을 불쌍히 여겨주시옵소서. 나의 주 성령이시여, 주께서 내게 하신 '비판하지 말라, Do not judge', 이 말씀이 생명의 말씀으로 내게 새겨지고 나타나므로 항상 하나님과 바른 관계를 맺으며, 하나님의 은혜와 사랑에 붙들려 그리스도의 영광을 나타내며, 복음의 증인으로 날마다 승리할 수 있도록 함께하여 주옵소서. 우리 주 예수 그리스도의 이름으로 간절히 기도하옵나이다. 아멘.

10장

거룩한 것을 개에게 주지 말라

10 | 거룩한 것을 개에게 주지 말라

거룩한 것을 개에게 주지 말며 너희 진주를 돼지 앞에 던지지 말라 그들이 그것을 발로 밟고 돌이켜 너희를 찢어 상하게 할까 염려하라

(마태복음 7:6)

영국을 여행하던 한 남자가 관광지로 유명한 해안지대를 방문하게 되었습니다. 그런데 그 바닷가에 많은 갈매기가 죽어 있었습니다. 죽은 갈매기 떼를 치우고 있는 사람에게 물었습니다. "이 많은 갈매기가 왜 죽었습니까?" 그는 이렇게 대답했습니다. "여기는 관광지여서 여름철이 되면 많은 사람이 찾아오는데, 관광객들은 늘 갈매기들에게 빵과 과자를 줍니다. 갈매기들은 사람들의 손바닥에 올라앉아 그런 먹이를 열심히 쪼아 먹지요. 사람들은 그게 재미있어서 더 열심히 먹이를 주

곤 합니다. 그래서 갈매기들의 입맛이 달라졌고, 이제는 자연의 먹이에는 식욕을 잃어버리게 되었습니다. 철이 바뀌어서 관광객들의 발길이 뚝 끊어지고 보니 갈매기들은 별수 없이 굶어 죽게 되었습니다." 성도 여러분, 누가 이 갈매기들을 죽이려고 과자와 빵을 주었겠습니까? 하지만 사람들이 준 먹이가 결국 갈매기들을 떼죽음으로 몰고 간다는 사실에 생각이 미치지 못했습니다. 분별력이 없었던 것입니다. 그런데 결과적으로는 그렇게 되었습니다. 깊이 생각해 보시기 바랍니다.

성령 하나님의 선물인 영적 분별력

성도 여러분, 분별력의 가치를 알며, 분별의 중요성을 인식하며 항상 분별하면서 살아가십니까? 이 세상에서 인생을 살아가는 중에 분별없는 생각과 판단이 얼마나 위험하며 잘못된 인생을 초래하는지 분명히 인식하며 살아가야 합니다. 특별히 하나님의 자녀에게는 더욱더 그렇습니다. 어두운 세상에서 하나님의 자녀답게 살기 위해 가장 필요한 것은 바로 분별력입니다. 영적 분별력을 갖고 살아야 합니다. 그래야 하나님의 뜻을 분별하며, 그 뜻에 합당한 인생을 살아가게 됩니다.

모든 상황에서 먼저 하나님의 뜻을 분별해야 합니다. 분별하기 전에 하는 말과 행동이 문제입니다. 분별이란 히브리어 발음으로 'bin'입니다. 그 의미는 매우 단순합니다. 근본적으로 '구분한다'입니다. 그러므로 분별력은 진리 안에서 깊이 생각하며 신중하게 구분하는 것입니다. 진리인가 아닌가, 진리의 사람인가 아닌가, 온전한 진리인가 아니면 부분적인 진리인가를 구분해야 합니다.

오래전에 있었던 일입니다. 미국의 소설가 마크 트웨인은 『톰 소여의 모험』, 『왕자와 거지』 등의 작품을 써서 세계적으로 명성을 얻으며 많은 부를 쌓았습니다. 그런데 생전에 여러 가지 발명품에 큰돈을 투자했다가 손해를 크게 봅니다. 가치 없는 일에 많은 투자를 했기 때문입니다. 그러던 어느 날, 발명가 알렉산더 벨이 자신의 새로운 발명품을 보여주며 단돈 25달러만 투자하면 주식을 상당히 많이 가질 수 있다고 제안했습니다. 나름대로 지식과 지혜가 있다고 자부하던 그는 꼼꼼히 살펴보다가 냉정하게 거절했습니다. 이것은 희망이 없는 발명품이라고까지 말했습니다. 그런데 그 발명품은 오늘날도 전 세계에서 널리 사용되는 필수품인 전화기였습니다. 땅을 치고 후회할 일입니다. 성도 여러분, 분별력의 중요성을 항상 인식하며 바르게 분별하면서 오늘을 살아가야 합니다. 영적 분별력은 가장 귀한 성령 하나님의 선물입니다. 오직 하나님의 자녀에게, 거듭난 그리스도인에게 주시는 귀한 선물임을 알고 적극적으로 그 분별력을 활용하며 오늘을 살아가야 합니다. 하나님의 자녀는 항상 성령 충만함을 간구하여 영적 분별력을 받아 분별하며, 영의 생각에 이끌려 오늘을 살아가야 합니다. 그러나 바르게 항상 분별한다는 것은 결코 이 시대에 쉬운 일이 아닙니다. 저절로 되는 것도 아닙니다.

한국 기독교사에 있었던 일입니다. 하나님의 사람 김익두 목사님은 당시 목회를 하시면서 새벽기도가 끝나면 항상 병자들을 불쌍히 여겨서 그들을 위해 기도하고 병 고침의 사역을 했습니다. 당시에는 병원이 거의 없고, 약도 구하기 어려운 때입니다. 그런데 병 고침의 역사가 나타났어도, 자신에게 병 고침의 특별한 능력이 있다든가 신비한 은사가 있다고 전혀 말하지 않았습니다. 그럼에도 큰 소문이 났습니다. 병 고침 받은 사람들이, 또는 그런 소문을 들은 많은 사람이 그분에게 특별한 능력이 있다고 소문을 많이 냈습니다. 그러니까 온갖 병자들이 교회로 몰려들었고, 그때 기도하며 깊이 생각했습니다. '이 일이 영혼을 구원하는 복음 전도에 참으로 중요한 것인가?' 그분은 이렇게 결론을 내렸습니다. '이것은 방해되는 것이다. 내 소명은 복음을 전하는 것인데, 우선순위가 바뀌었다.' 그래서 그는 그 사역을 스스로 제한하며 복음 전도에 집중하다가 순교하셨습니다. 깊이 생각해 보시기 바랍니다.

거룩한 것을 개에게 주지 말라

오늘 본문에 기록된 잠언은 매우 난해하며 불편한 말씀입니다. 예수님께서 말씀하십니다. "거룩한 것을 개에게 주지 말며 너희 진주를 돼지 앞에 던지지 말라." 어떻게 예수님께서 이렇게 과격하고 충격적인 잠언을 말씀하실 수 있을까 싶은 생각이 듭니다. 그러나 성령을 통하여 그리스도 안에서 집중하며 귀를 기울이면 오늘 내게 꼭 필요한, 우리에게 주시는 하나님의 말씀이 기록되어 있는 것을 알 수 있습니다. 이 잠언의 주제는 '분별'입니다. 하나님의 자녀가 어두운 세상을 살아가는 동안에 가장 필요로 하는 것, 가장 우선으로 필요한 것이 바로 분별력이기 때문입니다. 비록 하나님의 일을 한다고 하며 전도를 한다고 말하지만, 분별을 잃어서 잘못된 생각과 판단으로 결국은 싸우고 다투며 정죄하고 비판하며 낙심하는 경우가 많이 있습니다.

먼저 이 잠언의 말씀 자체에서 분별할 것이 있습니다. "거룩한 것"이 무엇이냐는 것입니다. 진주로 표현한 이 거룩한 것, 그것은 하나님께 속한 것을 의미합니다. 그것뿐입니다. 영원한 것입니다. 특별히 하나님의 복음을 의미합니다. 예수 그리스도, 천국, 영생, 죄 사함, 하나님의 의, 믿음, 하나님께 속한 모든 것, 즉 복음을 의미합니다. 그리고 "준다"는 것은 던진다는 것으로 전도를 의미합니다. 전도는 모든 하나님의 자녀에게 주신 고귀한 사명입니다. 전도와 상관이 없다고 말하는 사람은 하나님의 자녀가 아닙니다. 하나님께서 나 같은 죄인을 하나님의 자녀로 부르신 목적은 복음을 증언하도록 하기 위함입니다. 그래서 나의 영적 상태를 살피는 시금석이 되는 것이 바로 전도입니다. 전도의 열정이 있으면 좋은 영적 상태이고, 전도에 관심도 없고 열정이 없으면 뭔가 심령이 잘못된 것입니다.

특별히 "개와 돼지"가 누구냐는 것입니다. 이것은 참 불편한 진실입니다. 그러나 주께서 말씀하셨고, 성경에 기록되어 있습니다. 어떻게 예수님께서 사람을 개나 돼지로 판단하시고 말씀하실 수 있을까 생각할 수 있지만, 중요한 것은 이것이 하나님의 판단이라는 것입니다. 여기서 이 개와 돼지는 모든 불신자를 의미하지는 않습니다. 절대 아닙니다. 우리 모두는 불신자에게 복음을 전도하도록 부르심을 받았기 때문입니다. 그러면 이 개와 돼지는 누구입니까? 이것은 하나님의 복음을 조롱하고, 무시하고 정죄하며, 대적하고, 나아가 박해하는 무리를 말합니다. 예수님 당시도 있었고, 오늘도 있습니다. 성경에 하나님을 대적한다는 말씀이 있습니다. 이는 하나님의 복음을 대적하고, 그 말씀을 거역하는 것을 뜻합니다. 그래서 육신의 생각이 하나님을 대적한다는 말씀은 육의 생각에 이끌려 영의 생각을 조롱하고, 무가치하게 여기며, 정죄하고 박해한다는 뜻입니다. 이것은 또한 하나님을 대적하는 것입니다. 그러므로 하나님 앞에서는 이미 심판을 받았습니다. 영적으로 심판받은 것입니다. 개와 돼지에 해당되기 때문입니다. 이것이 예수님의 마음속에 있었고, 그래서 이렇게 말씀하신 것입니다.

우리는 모든 불신자에게 복음을 전할 책임을 갖고 있습니다. 그중에서도 복음을 무시하고 정죄하며 대적하는 이들에게는 별도의 방식으로 전해야 합니다. 간단한 예를 생각해 보십시오. 지금 이슬람 국가에 있는 모스크에 가서 "주 예수 그리스도를 믿으라. 그렇지 않으면 심판받는다. 오직 예수 그리스도만이 세상의 구주시다. 너희들은 지금 잘못된 종교에 빠져 우상을 섬기는 것이다"라고 말하면 어떻게 되겠습니까? 즉각 체포되어 죽습니다. 성령께서 특별하게 그렇게 지시하신다면 모르겠지만, 그렇지 않다면 그런 짓 하지 말아야 합니다. 그것은 순교가 아닙니다. 어리석은 짓입니다. "거룩한 것을 개에게 주지 말라." 깊이 생각해야 할 것입니다.

오늘 우리에게 주신 말씀을 다시 한번 귀 기울여 들으시기 바랍니다. "거룩한 것을 개에게 주지 말며, 너희 진주를 돼지 앞에 던지지 말라. 그들이 그것을 발로 밟고 돌이켜 너희를 찢어 상하게 할까 염려하라." 이것은 예수님 당시는 물론이고, 오늘의 시대와 미래에도 항상 일어날 사건입니다. 그러므로 복음의 증인은 먼저 분별해야 합니다. 분별력을 가지고 하나님의 뜻을 헤아리며, 그 뜻에 합당한 인생을 살아가야 합니다. 특별히 전도할 때 열심만으로 그리고 정해진 매뉴얼을 따라서만 하는 것은 인간의 방식입니다. 그래서는 항상 불편하고 거북한 문제가 생깁니다. 하나님의 뜻을 분별하며, 그 방식으로 행해야 합니다. 그렇지 않으면 오늘 말씀대로 복음이 조롱당하고, 그것을 전하는 사람이 짓밟히고 찢기어 상함을 받게 됩니다.

항상 분별하며 행하는 증인의 삶

　복음서에 보면, 예수님께서는 공적 사역을 행하시는 중에 전도하셨습니다. 그때 예수님은 항상 분별하며 행하셨다는 것을 쉽게 발견할 수 있습니다. 예를 들어 당시에 조롱과 배척을 받던 죄인 중의 대명사인 창녀들과 세리들이 있었지만, 예수님은 그들에게 항상 친절하게 사랑을 베푸시며 하나님의 복음을 전하셨습니다. 그런데 당시에 경건한 하나님의 사람이라고 자칭하는 바리새인과 종교 지도자들을 향해서는 전혀 그런 모습을 보이지 않으셨습니다. 다른 방식으로 그들을 대하셨습니다. 왜 그러셨습니까? 분별하셨기 때문입니다. 저 바리새인과 서기관들은 지금 예수님을 시험하고 유혹하며 죽이려고 했습니다. 결국 십자가에 예수님을 죽인 이들이 바로 그들입니다. 그런 마음과 상태로 하나님의 복음을 조롱하고 배척하며 대적하는 자들을 예수님께서는 개와 돼지로 보셨습니다. 이것이 하나님의 판단입니다. 그래서 말씀하십니다. "거룩한 것을 개와 돼지에게 던지지 말라." 항상 기억해야 합니다.

　또한 누가복음 23장에서 빌라도 유대 총독을 대하시는 것과 당시 유대 왕 헤롯을 대하시는 것이 전혀 다릅니다. 빌라도에게는 그의 질문에 답을 주셨습니다. 하지만 헤롯 왕에게는 그가 아무리 질문을 해도 침묵하셨습니다. 말할 때가 있고, 침묵할 때가 있는 것입니다. 행동할 때가 있고, 잠잠할 때가 있는 것입니다. 이것이 분별력입니다. 그렇지 않으면 오히려 하나님의 일을 망치게 됩니다. 조금 더 충격적이고 불편한 진실은 이것입니다. 예수님께서 전도하실 때, 사람들이 누군가에 의해서 선동되어 예수님을 붙잡고 위협을 가하려고 하면 예수님은 피하셨습니다. 남들이 보기에 도망간 것입니다. 왜 그렇습니까? 때가 아니었습니다. 부딪치면서 전도할 때가 아니었습니다. 그러나 십자가를 향해서는 때가 차매 결단하시고 자발적으로 죽으러 가십니다. 이처럼 다른 방식으로 하나님의 복음을 전하셨다는 것을 항상 기억해야 합니다. 우리도 하나님의 일을 하고 복음을 전할 때, 말할 때가 있고 침묵할 때가 있습니다. 행동할 때가 있고, 기다릴 때가 있습니다. 무조건 "주여!" 하고 하나님의 일을 한다고 하면, 오히려 서로 싸우고 다투며 낙심할 때가 많습니다.

전도하며 하나님의 복음을 전할 때, 증인으로 살 때 항상 분별하며 행해야 합니다. 분별하기 전에 말과 행동이 앞서면 큰 위험을 당하게 됩니다. 먼저 전도의 대상을 분별해야 합니다. 내가 지금 누구에게 복음을 전하고 싶은 것인지 생각해야 합니다. 오늘날 예를 들면, 마케팅 전략이라는 것이 있습니다. 마케팅 전략이 바로 서지 않으면 아무리 좋은 물건을 팔려고 해도 팔 수 없습니다. 그래서 물건을 팔 대상인 구매자를 연구하며 이해하려고 합니다. 그리고 거기에 맞게 마케팅 전략을 짭니다. 같은 방식입니다. 분별해야 합니다.

TV 뉴스에 몇 번 방송되었는데, 어떤 열심 있는 전도자들이 불교의 유명한 사찰에 가서 "주 예수를 믿으라. 너희들은 우상 숭배자다. 회개하라. 심판이 가까웠다. 주 예수 그리스도를 믿으라" 하고 외쳤습니다. 이거 잘한 것입니까, 잘못한 것입니까? 아주 불편합니다. 전도하는 것이니 잘못했다고 말하기도 뭐하고, 그렇다고 잘한 것은 분명 아닌 것 같습니다. 오늘 말씀이 답을 주는데, 논쟁과 다툼이 뻔히 예상되는 상황에서 그렇게 하지 말라는 것입니다. 서로 정죄하고 비난하며 비판하게 될 것이 예상되는 자리에서 잘못된 열심은 하나님의 일을 망치게 됩니다. 그래서 주께서 강력하게 충격적인 잠언으로 말씀하십니다. "거룩한 것을 개에게 주지 말라."

저는 이 말씀을 생각할 때마다 오래전에 있었던 사건이 생각납니다. 곽선희 목사님께서 목회자를 위한 재훈련 기관인

소망아카데미를 수원에서 운영하시고 있었습니다. 제가 한국에 1999년도에 들어왔을 때 책임을 맡고 모든 커리큘럼을 짜고 주도한 적이 있는데, 지금은 없어졌습니다. 그곳에 많은 목사님이 오는데, 종종 벌어지는 논쟁거리가 있었습니다. 그중에 여러 목사님이 제게 와서 해결해 달라고 요청한 문제가 있었습니다. 수원에서 목회하시던 나이 많으신 분의 일입니다.

당일 세미나가 끝난 뒤에 저녁을 먹고 7시쯤 되었을 때, 그 시간은 그날 배운 것을 생각하며 기도하고 쉬면서 다음 날 일정을 준비해야 할 시간입니다. 그런데 그분이 자꾸 그 시간에 전도하러 가야 한다고, 세미나에 참석한 목사들이 전도를 안 하면 되겠느냐며 자기는 밤마다 전도하러 가니 같이 가자고 목사님들을 자꾸 충동했습니다. 이 말을 들은 목사님들이 죄의식이 들어서 어쩔 줄을 몰라 하는데, 문제는 술집으로 전도하러 가야 한다는 것입니다. 수원 인계동에 나이트클럽, 술집, 단란주점 등으로 술 취한 사람들에게 복음을 전하러 가야 한다는 것입니다. 그러면서 그곳까지 가서 전도하는 자신에 대해 자랑하며 목사님들에게 뭐라고 하니, 이 말을 들은 목사님들이 이러지도 저러지도 못하면서 불편해졌습니다. 그때 마침 저는 이 본문 말씀이 생각났습니다. 그래서 그분에게 말했습니다. "예수님이 거룩한 것을 개에게 주지 말라고 말씀하셨는데, 목사님이 잘못하시는 것 아닙니까? 뻔히 싸움이 보이고 다툼이 보이는데, 맨정신이 있는 자에게 전해도 될까 말까 한 것을 술 취한 사람에게 전한다고요? 그건 목사님이 의도하신 일이고, 더 나아가서는 복음을 조롱한 죄가 있습니다. 거룩한 것을 개에게 주지 말라는 본문 말씀을 아세요? 한번 생각해 보세요." 그렇게 말했더니, 그런 일이 없어졌습니다. 깊이 생각해야 합니다.

하나님의 말씀은 신중하게 전해야

이 본문은 전도하지 말라는 것이 아닙니다. 내 마음에 드는 사람에게만 하고, 불편한 사람에게는 하지 말라는 말씀이 아닙니다. 신중하게 분별하며 하나님의 말씀을 전하라는 것입니다. 논쟁하지 말고, 싸우지 말고, 더욱이 상대방에게 불편함을 주지 말고, 특히 비난과 정죄와 비판이 나타나도록 하지 말라는 것입니다. 분별의 지혜를 가지라는 말씀입니다. 우리는 전도할 때 항상 사랑의 마음으로 해야 합니다. 이 사랑은 에로스가 아닙니다. 아가페입니다. 하나님이 나를 사랑하신다는 마음으로 확신을 가지고 인내하며, 때를 기다리고 분별하면서 하나님의 일을 해야 합니다. 그렇지 않으면 어림없는 얘기입니다. 특별히 가족 전도는 가장 쉬운 것 같으면서도 가장 어렵습니다. 왜요? 쉽게 싸우게 되고, 논쟁이 벌어지고 다툼이 일어나기 때문입니다. 그러다가 비난하고, 정죄하게 됩니다. 복음을 전하다가 10년 전 일까지 나오니, 참으로 복잡해집니다. 그때마다 생각하십시오. 그렇다고 믿지 않는 집안사람을 개나 돼지로 보지 마시고, 다만 분별력을 가지고 입을 닫아야 합니다. 그 책임이 전도자에게 있기 때문입니다.

분별이 먼저입니다. 사랑과 인내로 때를 기다리며 먼저 하나님의 자녀다운 본을 보여야 합니다. 복음을 타협할 수는 없습니다. 종교와 기독교 복음을 적당히 함께 인정할 수는 없는 일입니다. 절대 아닙니다. 그러나 다양한 모습으로, 다양한 방식으로 행해야 합니다. 그것이 분별입니다. 그래서 고린도전서 9장 22절에서 사도 바울이 말합니다. "내가 여러 사람에게 여러 모습이 된 것은 아무쪼록 몇 사람이라도 구원하고자 함이니." 낮은 자에게는 낮은 자세로, 지식이 없는 자에게는 겸손하게, 지식이 있는 자에게는 지식 있는 자같이, 즉 여러 모양으로 대했다는 것입니다. 분별해야 합니다. 그러므로 복음을 전할 대상을 살펴서 먼저 듣는 마음이 있는지, 듣고 싶어 하는지를 분별해야 합니다. 만일 없다면, 그 사람에게 가장 필요한 것이 무엇인지 그것을 분별해야 합니다. 그리고 그것을 도와주면 되는 것입니다.

북한선교, 지금 누가 평양에 가서 "주 예수 그리스도를 믿으라" 하고 말하겠습니까? 바로 죽게 될 텐데요. 그것은 옳은 일이 아닙니다. 거룩한 것을 개에게 던지지 말라는 말씀이 아주 적절합니다. 다른 방식의 이웃 사랑이 있습니다. 불쌍히 여기는 것입니다. 그 어두운 심령을 가엾게 여기는 것입니다. 북한의 체제와 지도자가 문제가 있지만, 모든 국민을 그렇다고 생각하면 안 됩니다. 그래서 본 교회에서 창립과 함께 20년 동안 조용하고 은밀하게 행하는 것이 나진에 있는 고아원을 돕는 일입니다. 가장 불쌍한 고아들을 먹여주고 입혀주는 것은 간접적인 전도의 방식입니다. 그곳 사람들은 말만 안 할 뿐, 다들 그리스도인이 하는 줄 압니다. 또한 우리 주변에서 소외된 분들이 많습니다. 그런데 지금 복음 듣기를 원하는 상황이 아닌데, 그분들을 향해 자꾸 예수 믿으라고만 하면 되겠습니까? 욕 안 먹는 게 다행입니다. 매 안 맞는 게 다행인 줄 아십시오. 그건 상식이 아닙니다. 그분들에게 가장 필요한 것은 들어주는 것, 함께 있는 것, 가장 필요한 식량문제부터 해결해주는 것입니다. 그것을 먼저 하면 됩니다. 분별이 먼저입니다.

먼저 복음의 메시지를 분별해야

무엇보다 중요하게 분별해야 할 것은 복음의 메시지입니다. 많은 복음의 말씀이 있는데, 천국진리를 다 전할 수는 없으니, 그 짧은 순간에 무슨 메시지를 전할 것인지를 먼저 분별해야 합니다. 그러므로 복음의 핵심을 전해야 합니다. "오직 믿음으로 구원받는다. 세상 종교와 기독교는 다르다. 인간의 행위가 아니다." 이것을 전해야 합니다. "오직 은혜로 구원받는다. 인간의 공로로 구원받은 것이 아니다. 하나님의 은혜를 받으므로 구원받는다." 이것을 먼저 전하는 것이 옳습니다. 이것이 복음의 진수입니다. "하나님이 나 같은 죄인을 사랑하시니, 당신도 사랑합니다. 오직 하나님의 사랑이 나타났습니다. 세상에 그런 종교가 어디겠습니까? 그것이 기독교가 세상 종교와 다른 것입니다." 그것을 말해야 합니다. 오직 예수 그리스도입니다. 세상에 많은 종교 창시자가 있지만, 예수님은 그런 분이 아닙니다. 세상에 구주로 하나님께서 보내신 분입니다. 이것은 역사적인 사건입니다. 그래서 십자가와 부활의 역사적인 사건 속에 있는 진리를 전해야 합니다. 천국을 전하고, 영생을 전해야 합니다. 모든 하나님의 선물을, 내가 값없이 받은 은혜의 선물들을 전해야 합니다. 그런 과정에서는 다툼이나 논쟁이 없습니다. 혹시 불필요한 것을 물고 늘어지면 그냥 귀 닫고 피하면 됩니다.

오늘 이 특별하고 귀중한 말씀은 초대교회 때 성만찬 시에 항상 사용되었습니다. 이는 매우 중요한 역사적인 사실입니다. 당시 초대교회는 성만찬을 거룩한 예식으로 여겨, 거룩한 사람만이 참여할 수 있다고 생각했습니다. 성만찬은 거룩한 하나님의 자녀를 위해 준비된 것이므로, 불신자는 물론 초신자들도 참여를 금했습니다. 그때 '12신조'와 '디다케'를 가르쳤는데, 거기에 이렇게 기록되어 있습니다. "주의 이름으로 세례를 받은 사람 이외에는 성만찬을 먹지도 마시지도 말게 하라." 거룩한 것의 가치를 모르는 자에게는 그것을 주지 말라고 명령했습니다. 또한 교부 터툴리안은 말합니다. "불신자와 초신자를 성만찬에 참여시키는 것은 거룩한 것을 개에게 주는 것이며, 진주를 돼지 앞에 놓는 것과 같은 일이다." 성도 여러분, 왜 이렇게 강하게 경고하며, 그것을 지킨 것입니까? 그 이유는 간단합니다. 성만찬의 순수성, 거룩함을 보존하기 위해서입니다. 그 가치를 모르는 자에게 이것은 조롱거리요, 아무것도 아니기 때문입니다. 더 나아가서 그 일에 참여하는 하나님의 자녀들을 보호하기 위해서였습니다. 마찬가지로 "거룩한 것을 개에게 던지지 말라"는 말씀은 하나님의 복음을 지키기 위함입니다. 복음의 순수성, 절대성, 거룩함을 보존하고 지키기 위해 주께서 이 말씀을 주셨습니다. 더불어 하나님의 자녀를 보호하기 위해서 이 복음을 우리에게 주신 것입니다.

오래전에 케냐 나이로비에서 있었던 사건입니다. 영국의 귀족이며 기독교인이었던 한 남자가 가난한 케냐 소년을 하우스 보이로 고용해서 3개월간 집안일을 돕게 했습니다. 그 기간이 지나자 소년은 지방에 회교도인의 집에 가서 일하고 싶다며 추천서를 부탁했습니다. 그러자 주인은 이제 겨우 일을 익혔는데 그럴 것 있느냐며, 월급을 많이 올려줄 테니까 가지 말라고 제안했습니다. 그때 소년은 이렇게 대답했답니다. "주인님, 돈 때문에 떠나려고 하는 것이 아닙니다. 실은 기독교인이 될까, 회교도가 될까 결정하지 못해서 기독교를 믿는 집에서 3개월, 회교를 믿는 집에서 3개월을 일해보고 결정하려고 합니다." 이 말에 주인이 충격을 받았습니다. 그동안 자신이 무심코 한 말이나 행동을 보니까 너무나 부끄러웠습니다. 그래서 하소연하듯 소년에게 이렇게 말했답니다. "애야, 왜 처음부터 그런 말을 해주지 않았니?"

성도 여러분, 하나님의 자녀는 세상의 소금이고 빛이라고 주께서 명령하셨고, 선언하셨습니다. 세상 속으로 거룩한 사명을 갖고 부름을 받은 자녀입니다. 이것을 잊어서는 안 됩니다. 그런데 세상은 어둠입니다. 하나님을 믿지 않고, 경외하지 않고, 때로는 하나님을 조롱하며 대적하는 불신앙의 사람들입니다. 이제 그들 속에서 가장 필요한 것이 무엇이겠습니까? 영적 분별력입니다. 이 분별력의 가치와 중요성을 인식하지 못하고, 분별없는 생각에 끌려가면 부지불식간에 이성적인 판단과 경험적 지식에 이끌리어 옛사람의 인생이 드러나게 됩니다. 하나님의 자녀에게 주시는 위대한 복음은 성령 하나님께서 하나님의 자녀에게 영적 분별력을 주신다는 것입니다. 이 복음을 붙잡고 체험하며 적용하고, 그 승리와 지혜의 맛을 보며 오늘을 살아가야 합니다. 영적 분별력 없이는 항상 위험과 유혹에 빠질 수밖에 없으며, 쉽게 세상에 동조하게 되어 부지불식간에 잘못된 신앙생활을 하게 됩니다. 그래서 성경은 항상 "깨어 기도하라" 말씀합니다. 비록 내가 하나님의 일을 열심히 하고 전도하고 싶어도 분별력이 없는 상태에서는 하나님의 영광을 가로막기 때문입니다.

성령 하나님께서 예수 그리스도 안에서 분별력을 주십니다. 항상 그렇습니다. 예수 그리스도의 마음과 지식을 본받으며 따르는 삶을 살아갈 때, 그 과정에서 내게 분별력을 주십니다. 또한 하나님의 복음을 묵상하고 증언할 때, 그 현장에서 성령께서 우리에게 영적 분별력을 주십니다. 이것은 하나님의 약속이요, 위대한 복음입니다. 그렇기에 항상 성령께 의존하며 순종하여 영적 분별력을 받아 하나님의 뜻을 헤아리며, 그 뜻에 합당한 복음의 증인으로 날마다 승리하며 살아가야 할 것입니다.

† 기도

창조주이시며 거룩하신 하나님 아버지. 어둠의 세상에서 분별력 없는 인생을 살아가는 미천한 죄인을 불쌍히 여기셔서 예수 그리스도를 보내주시고, 구원에 이르는 믿음을 선물로 주시며, 성령을 통하여 영적 분별력을 주심을 진심으로, 진심으로 감사드립니다. 그러나 아직도 이 복음의 가치와 능력을 체험하지 못하고, 그 소망을 붙잡지 못하고, 분별력 없는 인생을 살며, 원망과 불평과 비난과 정죄 속에서 벗어나지 못하는 허탄한 인생을 불쌍히 여겨주시옵소서. 나의 주 성령이시여, 이제는 하나님의 자녀답게 항상 성령께 삶을 의탁하고 순종하여 영적 분별력을 받아 분별력이 있는 생각과 판단으로, 복음의 증인으로 날마다 승리하며, 형통한 삶을 살도록 지켜주옵소서. 우리 주 예수 그리스도의 이름으로 간절히 기도드리옵나이다. 아멘.

11장

황금률

11 | 황금률

그러므로 무엇이든지 남에게 대접을 받고자 하는 대로 너희도 남을 대접하라
이것이 율법이요 선지자니라

(마태복음 7:12)

　　하나님의 사람 세브란스에 관한 일화를 소개하겠습니다. 이분은 평생 나눔의 삶을 실천하며 살았습니다. 한국 최초의 현대식 종합병원인 세브란스 병원은 그의 기부와 전적인 헌신으로 세워졌습니다. 1900년에 세브란스는 카네기홀에서 의사이며 선교사였던 에비슨 박사의 연설을 듣고 기부를 결심합니다. 에비슨 박사는 당시 토론토 대학교 의대 교수이자 시장의 주치의였지만, 언더우드 선교사를 만나 그의 영향을 받아 1893년 조선에 직접 들어오게 되었습니다. 그리고 제중원을

중심으로 한국 의료선교에 지대한 공헌을 했습니다. 1895년, 서울에 콜레라가 창궐했을 때는 그가 방역 대장을 맡게 됩니다. 그런데 안타깝게도 그때 두 딸을 콜레라로 잃습니다. 1899년에 안식년을 위해 본국에 갔던 에비슨은 선교협회의 요청으로 카네기홀에서 조선의 의료 현실에 대한 강연을 합니다. 그 강연을 유심히 듣고 세브란스는 병원 설립에 대한 기부를 결정합니다. 세브란스는 병원뿐 아니라 의과대학과 간호대학도 같이 지어주고, 자신의 주치의인 어빙 러들로 박사를 한국에 보내 의학 발전에 지대한 역할을 합니다. 러들로 박사는 1912년 한국에 들어온 이후로 26년 동안 국내에서 외과 전문의로 활동했습니다. 세브란스는 생전에 기부 이유를 묻는 질문에 이렇게 대답했다고 합니다. "받는 당신보다 주는 내가 더 행복합니다." 깊이 생각해 보시기 바랍니다.

주는 자가 받는 자보다 복이 있다

성도 여러분, 어떤 인생관을 가지고 오늘을 살아갑니까? 모든 인간관계에서 나의 말과 행동을 이끌어가는 표준이나 규칙을 갖고 살아갑니까? 이웃 없이 나만의 행복을 위해 열심히 오늘을 살아갑니까? 또는 항상 이웃과 더불어 행복하기를 기도하며 오늘을 살아갑니까? 어떤 표준을 갖고 사느냐가 그 사람의 인생을 결정합니다. 이것을 항상 기억해야 합니다. 20세기 최고의 부호인 록펠러는 55살에 중병을 앓아서 1년밖에 살지 못한다는 시한부 판정을 받습니다. 병원을 오가다가 복도에서 우연히 액자에 적혀 있는 글귀를 보고 충격을 받는데, 이런 성경말씀이 기록되어 있었습니다. "주는 자가 받는 자보다 복이 있다." 그는 이 말씀을 중심으로 새로운 인생을 살아갑니다. 삶의 표준이요 규칙으로 삼아, 이전과 다른 새로운 인생을 살다 보니 1년을 넘어 98세까지 살게 됩니다. 그리고 자신의 자서전에서 이렇게 회고합니다. "갑부로 살던 인생 전반기 55년 동안 난 늘 쫓기며 살았지만, 나누며 살던 후반기 43년은 정말 행복하게 살았습니다."

오늘 본문은 예수님의 잠언으로, '황금률'(Golden rule)이라고 널리 알려진 말씀입니다. 모든 표준과 규칙 가운데 으뜸으로 이름이 붙은 원칙입니다. 황금률은 믿는 사람도 믿지 않는 사람도 많이 알고 있습니다. "무엇이든지 남에게 대접받고자 하는 대로 너희도 남을 대접하라"는 말씀은 예수님의 잠언입니다. 이 말씀을 항상 묵상하며, 이 잠언을 내 인생의 표준으로 삼아 순종하여 하나님이 주시는 복을 누리며, 하나님께 영광 돌리는 삶을 살아가야 합니다. 이 짧은 잠언은 구약성경 전체를 요약합니다. "이것이 율법이요 선지자니라." 어느 누가 감히 이렇게 말할 수 있겠습니까? 예수님께서 말씀하십니다. 당시에는 신약성경이 없었습니다. 그러므로 이 말씀은 놀라운 선언입니다. "율법"이라는 것은 십계명을 말하고, 더 나아가 모세 오경을 의미합니다. "선지자"라는 것은 선지자들의 모든 글을 말합니다. "이 말씀이 율법과 선지자의 글인 구약성경의 요약이니라. 핵심이니라. 귀 있는 자는 들으라." 예수님께서 말씀하십니다.

성도 여러분, 이 황금률은 하나님께서 하나님의 자녀에게 하나님의 자녀답게 살 수 있도록 복을 주시고자 내려주신 보편적인 규칙입니다. 인생 전반에 걸쳐 모든 인간관계에서 이 말씀을 묵상하고 실천하며 살라고 명령하셨습니다. 복 있는 인생을 원하십니까? 이 말씀을 지켜야 합니다. 의미 있는 삶을 추구하십니까? 이 말씀에 순종해야 합니다. 무엇보다도 하나님께 영광 돌리는 삶을 살기를 갈망하십니까? 이 말씀이 나의 삶에 표준이 되며, 이 말씀이 나를 끌어가야 합니다.

성도 여러분, 십계명을 한번 생각해 보십시오. 하나님께서 주신 최초의 계율이며 복음입니다. 인간을 위해서 주셨습니다. 그중에서 제6계명부터 제10계명까지는 인간관계에 해당하는 내용인데, 다들 기억하시겠지만 '무엇 무엇을 하지 말라' 식의 부정 또는 금지로 말씀합니다. 이것은 강한 명령이기도 합니다. 이 십계명을 놓고 생각해 보십시오. 대다수 사람이 자신은 십계명을 지켰다고, 무엇 무엇을 하지 않으므로 십계명을 지켰다고 말합니다. 그리고 여기서 멈춥니다. 하지만 천만의 말씀입니다. 이는 하나님의 뜻을 분별치 못했기 때문입니다. 단지 문자에 사로잡힌 것일 뿐입니다. 예수님께서는 그 다섯 계명을 요약해서 우리에게 말씀하셨습니다. "네 이웃을 네 몸과 같이 사랑하라. 이것이 율법이니라." 왜 그렇습니까? 율법의 의도, 목적, 정신은 바로 이웃을 내 몸과 같이 사랑하는 것이기 때문입니다. 무엇 무엇을 하지 않음으로 하나님의 말씀에 순종했다는 것은 위선이요, 무지입니다. 무엇 무엇을 적극적으로 행하므로 하나님의 자녀답게 살며, 하나님께 영광 돌릴 수 있습니다. 그것이 바로 황금률입니다. 그래서 모든 규칙에 으뜸이 됩니다. 이것은 적극적이고 창조적인 하나님의 말씀이 구체적으로 계시된 것으로 예수님께서 명확하게 말씀하십니다. "이것이 율법이요 선지자니라. 이것이 성경이니라." 그러므로 성경공부 많이 하고, 신학공부하고, 신학박사가 되어 가르치면서 일평생을 지낸다 하더라도 이 말씀이 삶의 기준이 되지 못하고 불순종하면 아무것도 아닙니다. 그건 그저 지식을 자랑하는 것일 뿐입니다. 주께서 말씀하십니다. "이것이 성경이니라." 분명히 기억해야 합니다.

당시 위대한 하나님의 계명인 율법이 왜곡되고 남용되며 오해되었습니다. 율법을 연구하고 가르치며 지킨다고 하는 바리새인과 서기관과 종교 지도자들이 그렇게 만들었습니다. 자신들은 무엇 무엇을 하지 않으므로 율법을 지켰는데, 너희들은 간음하고, 도둑질하고, 살인함으로 정죄 받아 마땅하다는 것입니다. 이것은 율법에 대한 무지입니다. 율법의 정신, 의도, 하나님의 뜻을 헤아리지 못했습니다. 오늘도 마찬가지입니다. 나는 하나님의 자녀라고 믿으면서도 무엇과 무엇을 하지 않았으므로 십계명을 지켰고, 하나님의 자녀답게 살아간다고 말하는 것은 천만의 말씀입니다. 자기모순이요, 자기 정당화입니다. 성령이 그 안에 계시지 않습니다. 성령께서는 하나님의 중심, 하나님의 마음, 하나님의 뜻을 우리로 분별하게 하십니다. 그래서 예수님께서 말씀하십니다. "이것이 성경이다." 그것을 우리는 '황금률'이라고 부릅니다.

문제 해결을 위한 잠언의 말씀

이 잠언의 말씀은 정말 심플합니다. 누구나 기억할 수 있습니다. 십계명을 못 외워도, 구약성경을 다 몰라도 이것만은 알아야 합니다. 이것이 율법이요 선지자라고 주께서 말씀하셨기 때문입니다. 하나님의 말씀은 단순 명료합니다. 진리는 복잡한 것이 아닙니다. 단순합니다. 그러면서 그 안에 깊이가 있습니다. 복잡하게 만드는 것은 인간입니다. 중요한 것은 이 단순 명료한 잠언 속에 모든 세상 문제의 답이 있다는 것입니다. 모든 문제에 대한 해결책이 있습니다. 이것을 알아야 합니다.

오늘날 세상의 문제를 조금 차원 높게 보면 윤리 문제, 도덕 문제, 인간관계의 문제입니다. 그것이 해결 안 되기 때문에 다툼이 있고, 불화가 있고, 싸움이 있고, 폭력이 있고, 전쟁이 있습니다. 더 나아가 정치, 경제, 교육, 사회, 문화와 관련된 문제가 있습니다. 그런데 어떻게 손볼 수도 없습니다. 부분적으로 개혁할 뿐이지, 근본적으로 무엇이 원인인지를 모르고 또한 해결책도 모릅니다. 그런데 오늘 이 황금률을 통해서 성경이 주시는 해결책은 결국 나와 너의 문제라는 것입니다. 근본적으로 나의 문제입니다. 내가 있고, 그리고 나 같은 다른 사람이 있는 것입니다. 모든 인간의 본성은 같습니다. 그런데 나와 다른 사람이 부딪칩니다. 좀 더 구체적으로 말씀드리면 내가 소원하는 것, 기도하는 것, 원하는 것은 다른 사람도 똑같습니다. 이것으로 부딪칩니다. 그러니 무한 경쟁 속에서 다투며 시기, 질투로 원망하고 불평하면서 부러워할 수밖에 없습니다. 결국 자아의 문제입니다. 자아의 싸움과 충돌에서 이 세상 모든 문제가 시작합니다. 그래서 황금률을 보편적 기준으로, 모든 문제의 해결책으로 주셨습니다.

그 시작은 이렇습니다. "무엇이든지 남에게 대접을 받고자 하는 대로." 여기서부터 문제가 있습니다. 저 역시도, 성도 여러분도 다 남에게 대접받고자 하는 마음이 있습니다. 이것이 인간의 욕구요, 기도요, 소원입니다. 문제는 모든 인간이 그렇다는 것입니다. 이게 죄의 본성입니다. 자아가 나를 끌어가기 때문에 항상 남이 나에게 해주었으면 하는 마음, 이렇게 대접해 주었으면 하는 마음에 사로잡힙니다. 결국 온전한 인간관계가 이루어지지 않습니다. 나 중심의 사고방식에는 이웃이 없습니다. 나를 위해 필요한 이웃이지, "내 몸"과 같이 사랑으로 이웃을 보지 않습니다. 그것을 지적하고 있습니다. 좀 더 구체적으로 표현하면, 누구나 사랑받기를 원합니다. 이해받기를 원합니다. 용서받기를 원합니다. 내가 무엇을 잘못했을 때 타인이 참아주기를 바랍니다. 어떤 일을 할 때 내 유익이 보장되기를 바랍니다. 내 명예를 높여주기를 바랍니다. 모든 사람이 그렇습니다. 모두가 이 인간의 본성, 죄의 본성에 이끌려 살아가기에 세상의 모든 문제가 일어납니다. 그것을 예수님께서 이 잠언으로 말씀해 주십니다. 그래서 "남에게 대접을 받고자 하는 대로", 여기에 문제가 있음을 인식하라는 것입니다.

즉 환경의 문제가 아니고, 타인의 문제가 아닙니다. 그런 탓은 하지 마십시오. 하나님의 자녀는 하나님 앞에서, 하나님 말씀 앞에서 시작해야 합니다. 바로 이 자아가 나의 문제뿐만 아니라, 모든 사람의 문제라는 것을 인식함으로써 새로운 인생을 살아가게 됩니다. 그러므로 자아를 깨트려야 합니다. 남에게 대접을 받고자 하는 그 마음을 제어하고 버려야 합니다. 자아가 꿈틀거리면 예수님을 잘 믿다가도 하나님과 나 사이에서 주객이 전도됩니다. 오직 하나님의 영광을 위하여 내가 존재하는 것인데, 때때로 내 영광을 위하여 하나님이 일을 좀 해주셔야 한다는 식으로 변해버립니다. 나의 필요를 위하여 하나님을 우상화합니다. 이웃과 서로 잘 지내다가도 결정적일 때가서 보면, 이웃은 나를 위해 필요한 존재였을 뿐입니다. 그래서 내게 도움이 되지 않으면 섭섭해하고, 그것이 다툼의 원인이 됩니다. 애초에 자아가 모든 행동과 생각을 끌어간 것입니다. 그것을 깨라고 잠언을 주십니다. 그러므로 주께서 말씀하십니다. "너희가 나를 따르려거든, 하나님의 자녀가 되려거든, 천국에 들어가려거든, 자기를 부인해라." 이것이 시작이라는 것입니다. 자아를 깨라고 말씀하십니다. 자아는 항상 남이 내게 이렇게 해줬으면 하는, 남이 내게 이렇게 대접해 줬으면 하는 사고방식으로 나를 끌어가기 때문입니다. 이것을 먼저 깨닫게 해주십니다.

그리고 말씀하십니다. "너희도 남을 대접하라." 여기에는 번역상의 문제가 좀 있습니다. 좀 더 정확하게 말하면 이것입니다. "남에게 대접을 받고자 하는 대로 네가 먼저 남을 대접하라." 이런 의미입니다. 사람들마다 원하는 소원과 기도를 가지고 있으니, 너의 꿈틀거리는 자아의 본성에 끌려가지 말고 오히려 정말 강하게 원하면 원할수록 네가 먼저 타인을 대접하는 것이 하나님의 자녀다운 삶이라는 말씀입니다. 그래서 예수님께서 네 이웃을 네 몸과 같이 사랑하라고 말씀하십니다. 내 몸과 같이 사랑하라고 하십니다. 먼저 네 이웃을 사랑하라는 말씀입니다. 여기서 대접이라는 것은 행위를 말합니다.

생각이 아니라, 실천을 말합니다. 구체적인 행동을 이렇게 하라는 것입니다. 생각만이 아니라, 실천하라는 것입니다. 이 말씀은 누군가의 대접을 먼저 받은 후에 생각해 보고 대접해야 한다는 것이 절대 아닙니다. 또는 내가 이렇게 하면 저 사람이 내게 이렇게 할 것이라는 give and take도 아닙니다. 내 속에서 자아가 대접받기 원하는 것처럼 다른 사람도 똑같은 생각을 하고 있으니, 그와 부딪치지 말고 먼저 주도적으로 대접하라는 것으로 이것이 황금률입니다.

황금률을 실천하는 그리스도인의 삶

이 황금률을 한번 가정을 비롯해서 모든 문제에 적용해 보십시오. 모든 것이 해결될 것입니다. 부부 관계에서 보면 생일이나 결혼기념일처럼, 좋은 날 먼저 축하하며 기뻐하면서 선물도 주면 얼마나 좋겠습니까? 꼭 문제가 있는 집은 저 사람이 뭘 해주나 보자며 기다립니다. 시험하는 것입니다. 날 사랑하나, 안 사랑하나 지켜보겠다는 것입니다. 이것이 자아에 종이 된 것이지요. 하나님의 자녀이므로 그런 생각을 멈추고, 그런 생각이 있거든 먼저 네가 행하라는 것입니다. 그러면 모든 문제가 해결될 것입니다. 부모와 자녀의 관계에 있어서도 마찬가지입니다. 특별히 인간관계를 생각해 보십시오. 황금률이 실천될 때, 그 순간이 하나님께 영광 돌리는 시간입니다. 그리고 그 복을 내가 받습니다. 깊이 생각해야 합니다.

그럼에도 불구하고 성경의 요약이며 핵심인 황금률이 무시당하고, 망각되고, 소홀히 여김을 받습니다. 말씀을 추상화하며, 권세를 추락시킵니다. 무엇보다 비참한 것은 이것이 해결책임에도 불구하고, 그래서 예수님께서 이것이 율법이고 성경이라고 말씀하심에도 불구하고, 하나님의 자녀들조차 교회와 기독교 안에서 이 말씀이 망각되고 실천되지 않고 있습니다. 하나님께 가정 문제와 인간관계의 갈등을 해결해 달라고 요구하는 것을 잠시 멈추시고, 이 말씀 앞에서 나를 먼저 돌이켜보십시오. 나는 이 말씀에 순종하고 실천하며 오늘을 살아가는지 말입니다.

교회 안에서도 한번 생각해 보십시오. 교회란 무엇입니까? 그리스도의 몸입니다. 하나님의 전입니다. 하나님의 말씀이 실천되고, 능력이 나타나는 곳입니다. 황금률을 적용해 볼까요? 누군가 교회가 왜 이러느냐고, 왜 나를 사랑해 주지 않고 이해해 주지 않으며 용서해 주지 않느냐고, 왜 나를 도와 주지 않느냐고 생각한다면, 그 사람은 아직 불신자입니다. 정말 거듭난 그리스도인이면 내가 먼저 남을 사랑하고, 용서하고, 이해하고, 친절을 베풀고 높일 것입니다. 황금률이 실천될 때, 그곳이 하나님의 교회가 됩니다. 아직도 자아가 깨어지지 않았고, 그것 때문에 서로 부딪히며 문제만 일으킨다면 어떻게 그 사람이 하나님의 자녀라고, 그곳이 하나님의 교회라고 말할 수 있겠습니까? 성도 여러분, 이 짧은 잠언이 성경 전체의 메시지요, 기독교 윤리의 핵심임을 항상 기억해야 합니다. 세상의 빛과 소금이라면 어떤 기준으로 살아가야 하겠습니까? 황금률입니다. 황금률이 나의 보편적 규칙이 되고, 이 말씀에 순종함으로써 그 안에 있는 약속과 복을 내가 누릴 때 비로소 빛의 자녀로 승리하게 됩니다. 거듭난 그리스도인은 이 말씀을 중심으로 오늘을 살아가는 새로운 인생의 사람을 의미합니다.

세계적인 영성 신학자였던 헨리 나우웬은 『꼭 필요한 한 가지, 기도의 삶』*(The Only Necessary Thing: Living a Prayerful Life)* 에서 인생을 바라보는 기준을 바꾸어야 한다고 말합니다. 이 기준이 바뀌지 않으면 잘못된 신앙생활을 하게 된다고 강조해서 말합니다. 그러면서 마지막 날 하나님 앞에서 들을 질문은

"너는 평생 얼마나 돈을 벌었느냐? 친구를 몇 명이나 사귀었느냐? 직업으로 얼마만큼 출세했느냐?"가 아니라, 다음의 질문을 하나님께로부터 받게 될 것이라고 말합니다. "나의 지극히 작은 자들을 위하여 네가 한 일이 무엇이냐? 너는 가난한 자들의 얼굴에서 굴욕당하신 그리스도를 보았느냐? 네 이웃인 가난한 이들과 외로운 이들, 고통받고 굶주린 이들을 위하여 무엇을 했느냐?" 이것이 황금률입니다. 구체적으로는 몰라도 내 안에 그런 욕구와 소원이 있으니 그것을 먼저 행하라는 것입니다. 이웃에게 행하라고 하십니다. 못했다면, 최후의 심판대 앞에서 이 질문을 듣게 될 것입니다.

어느 목사님이 천국에 관한 설교를 했습니다. 다음날 한 성도가 와서 이렇게 말했습니다. "어제 천국 메시지에 많은 은혜를 받았습니다. 그렇지만 목사님, 천국이 어디 있는지는 말씀해 주지 않으셨습니다." 그때 목사님은 이렇게 대답했습니다. "성도님, 만나게 되어서 참으로 반갑습니다. 저는 지금 언덕 너머 오두막에서 오는 길입니다. 그곳에 가난한 성도가 열병으로 누워 있습니다. 성도님께서 좋은 음식을 가지고 가서 시편 23편을 읽은 후 기도해 주신다면 천국이 어디인지 알 것입니다." 이 사람이 그렇게 하고는, 다음날 목사님을 찾아와 말했습니다. "목사님, 천국이 어디 있는지 드디어 알았습니다. 목사님 말씀대로 행하는 그 15분 동안 전 천국에서 지내다 왔습니다."

성도 여러분, 구약의 요약이요 성경의 메시지인 황금률이 하나님의 자녀를 통해서 성취되며 사건으로 이루어져야 하나님의 이름을 영화롭게 하는 삶을 살아갈 수 있습니다. 그런데 문제는 이 말씀을 항상 기억하고 실천하고 싶어도 안 된다는 것입니다. 나의 힘과 노력과 열심과 기도로 되지 못합니다. 불가능합니다. 이 말씀이 내게서 실천될 수 있는 유일한 길은 오직 성령 하나님뿐이십니다. 성령께서 내 안에서 나를 도와주고 인도해 주셔야 됩니다. 그래서 하나님의 자녀는 항상 성령께 삶을 의탁하며, 기도하고 순종하며 영의 생각에 이끌리어 육신의 생각을 깨트려 버리고 오늘을 살아가게 됩니다. 성령께서는 우리 안에서, 항상 예수 그리스도 안에서 주께서 전파하신 복음에 집중하게 하십니다. 저는 항상 그렇습니다. 하나님의 복음에 집중하고 묵상하며, 거기로부터 하루를 시작하게 하십니다. 그럴 때 우리는 하나님께 받은 은혜와 사랑이 너무나 크다는 것을 생각합니다. 정말 나 같은 죄인을 하나님의 자녀 되게 하신 그 부르심이 너무나 큽니다. 또한 나에게 영생을 주셨고, 성령을 주셨고, 예수 그리스도를 주셨습니다. 십자가에서 아낌없이 내어주셨습니다. 그 모든 것을 받았기에 그 은혜에 대한 응답으로 우리는 황금률에 응답하여 순종함으로 그리스도의 영광을 나타낼 수 있는 것입니다.

더 나아가 성령께서는 항상 그리스도의 마음과 지식을 본받아 그리스도의 관점으로 이웃을 보게 하십니다. 자아의 관점이 아니고, 이성적인 판단도 아닙니다. 은혜의 관점으로, 십자가의 관점으로 이웃을 보게 하십니다. 그리고 그들의 필요를 깨닫게 하십니다. 그 속에서 황금률이 실천되며, 하나님의 이름을 영화롭게 할 수 있습니다. 성령께서는 항상 말씀이 성취되게 하십니다. 말씀이 기억나게 하시고, 이루어지게 하십니다. 성령께서는 성경의 요약인 황금률이 하나님 자녀의 삶에 보편적 표준이 되어 자아를 깨고, 육신의 생각을 버리고, 이 땅에서 복 있는 인생을 살도록 우리를 인도하십니다. 내게 주신 하나님의 말씀입니다. 다시 한번 귀를 기울이시기 바랍니다. "그러므로 무엇이든지 남에게 대접을 받고자 하는 대로 너희도 남을 대접하라 이것이 율법이요 선지자니라."

† 기도

창조주이시며 거룩하신 하나님 아버지. 이 어두운 세상에 예수 그리스도를 보내시어 십자가에 죽게 하시사 우리에게 그리스도를 주시고, 성령을 주시고, 하나님의 은혜와 사랑을 주시고, 천국의 상속자 되게 하시며, 오늘 황금률의 잠언을 주심을 진심으로 감사드립니다. 그러나 이 말씀을 업신여기고, 망각하고, 무시하여 말씀의 수혜자로 말씀의 능력과 복을 누리지 못한 채 원망과 불평과 다툼과 불화와 불의와 불경건 속에 살아가는 죄인을 용서하여 주시옵소서. 나의 주 성령이시여, 주께서 율법이요 선지자라고 말씀하신 황금률이 이제는 우리 모든 하나님의 자녀에게 모든 인간관계, 모든 행동에 표준인 규칙이 되어 이 말씀에 붙들리어 기도하며, 말씀의 수혜자로 하나님의 이름을 영화롭게 하며, 이 땅에서 빛의 자녀로 복된 인생을 살아가도록 지켜주옵소서. 주 예수 그리스도의 이름으로 간절히 기도드리옵나이다. 아멘.

12장

좁은 문, 좁은 길

12 | 좁은 문, 좁은 길

좁은 문으로 들어가라 멸망으로 인도하는 문은 크고 그 길이 넓어 그리로 들어가는 자가 많고 생명으로 인도하는 문은 좁고 길이 협착하여 찾는 자가 적음이라
(마태복음 7:13-14)

　　미국의 저명한 목회자로 하나님의 사람인 존 맥아더 목사님의 일화입니다. 어느 날 한 교인이 걱정거리를 안고 찾아와서 말했습니다. "제가 석유 주식 500주를 매입해서 운영하는데, 도저히 못 하겠습니다. 날마다 신경이 쓰여서 생활이 엉망이 되어버렸습니다. 주가가 오르면 기분이 좋고, 떨어지면 기분이 나쁩니다. 또 돈이 우상이 되는 것 같아 도저히 못 하겠습니다. 제 주식을 목사님께 드리겠습니다."

　　맥아더 목사님은 계속해서 거부했지만, 너무도 간곡히 권

하는 바람에 어쩔 수 없이 주식을 받았다고 합니다. 그런데 주식을 받고 나서 보니, 주식에 늘 신경이 쓰이는 것입니다. 예배를 마치고 사무실에 돌아오면 먼저 주식의 주가부터 확인하게 되고, 주가가 높아지면 좀 기분이 좋아지고 떨어지면 기분이 나빠졌습니다. 전에는 집에 들어오면 가족과 대화하는 게 먼저였지만, 이제는 항상 주식의 주가를 먼저 찾아보게 되어 가족 관계도 소원해졌습니다. 무엇보다도 주식 때문에 영적인 삶을 유지하기가 참으로 어렵다는 사실을 깨달았다고 합니다. 그래서 가지고 있는 주식 모두를 헐값에 팔아버렸습니다. 그리고 이렇게 고백했습니다. "없으니 이렇게 행복한걸, 왜 그것을 가지고 있었을까!" 성도 여러분, 인생은 선택입니다. 살아 있는 한 우리는 매일매일 무언가를 선택합니다. 선택하지 않는다고 하면, 선택하지 않은 것에 끌려갑니다. 나의 선택이 내 인생을 결정짓습니다.

그리스도인의 바른 선택

미국 대통령 중 가장 존경받는 시어도어 루스벨트는 이렇게 선택에 대해서 우리에게 지혜를 줍니다. "중요한 결정을 내릴 때 가장 좋은 선택은 옳은 것을 하는 것이고, 그다음으로 좋은 선택은 잘못된 일을 하는 것을 통해 깨달음을 얻는 것이다. 그런데 가장 안 좋은 선택이 있다. 그것은 아무것도 하지 않는 것이다." 성도 여러분, 구원에 이르는 믿음은 선택과 결단으로 시작되고 이루어집니다. 하나님의 자녀는 예수 그리스도를 선택하고 연합하여, 예수 그리스도를 본받고 따르는 삶을 선택하고 결단합니다. 그 과정을 통해서 믿음이 온전해집니다. 믿음 자체는 아무런 능력이 없습니다. 내가 아무리 믿고 확신한들 하나님의 능력이 아닙니다. 구원의 능력이 나타나지 않습니다. 중요한 것은 능력이 예수 그리스도 안에 있다는 것입니다. 하나님의 능력, 구원의 능력은 예수 그리스도 안에 있습니다. 그리고 그것을 믿습니다. 그러므로 성경이 말씀하는 구원에 이르는 믿음은 예수 그리스도 안에서 믿음으로 연합하여 본받고 따르며, 예수 그리스도의 영광을 나타냄으로 하나님의 능력, 지혜, 은혜와 사랑을 체험하게 되는 것입니다.

오늘 본문에 참으로 유명한 예수님의 잠언이 기록되어 있습니다. 하나님의 자녀에게, 오늘 내게 주신 하나님의 말씀입니다. "좁은 문으로 들어가라." 성도 여러분, 넓은 문이 아닙니다. 좁은 문입니다. 항상 기억해야 합니다. 거듭난 그리스도인은 좁은 문을 선택하여 들어가기에 힘쓰며, 그 속에서 신령한 복을 받아 누리며 하나님께 영광 돌리는 삶을 살아가게 됩니다. 그리스도인의 인생을 한마디로 압축하면 좁은 문으로 들어가는 것을 의미합니다.

선택이란 무엇입니까? 선택이란 먼저 분별입니다. 분별해야 합니다. 무엇을 선택할 것인지가 먼저입니다. 그리고 선택한 것 외에는 버려야 합니다. 유보해야 합니다. 그러지 못하면 선택은 무용지물이 됩니다. 그리고 선택한 것에 도전해야 합니다. 실천해야 합니다. 이것은 모험입니다. 용기가 필요합니다. 더 나아가 선택한 것에 집중하며 헌신해야 성취할 수 있습니다. 단지 선택했다고, 결심했다고 되는 일이 아닙니다. 바른 선택, 그리고 그 과정을 잘 이해하고 믿음의 선택을 하며 오늘을 살아가야 합니다. 그러므로 주께서 하나님의 자녀에게 좁은 문으로 들어가라고 하시는 것은 좁은 문을 분별하여 선택해야 한다는 것입니다. 넓은 문을 버리고 좁은 문을 선택하고, 다른 것은 버려야 합니다. 그리고 그것은 가보지 않은 여정입니다. 세상이 알지 못하는 길입니다. 도전하며 용기를 가지고 힘써야 합니다. 지속적으로 집중해서 선택을 해야 합니다. 그리고 헌신의 선택이 요구됩니다. 그래야 성취할 수 있습니다.

교훈적인 이야기를 하나 전해드리겠습니다. 어떤 사람이 높은 산에 올라갔다가 미끄러져서 절벽 아래로 떨어졌습니다. 그런데 떨어지다가 작은 나뭇가지를 꽉 움켜잡아 간신히 살았습니다. 그리고 크게 소리쳤답니다. "거기 누구 없소? 누구 없소? 나 좀 살려주시오. 나 좀 구원해 주시오." 그때 갑자기 하늘에서 음성이 들렸습니다. "내가 여기 있다. 주 너의 하나님이다." "주님, 거기 계시면 절 좀 구원해 주세요. 좀 살려주세요." 그때 다시 음성이 들렸답니다. "구해주긴 하겠지만, 그전에 한 가지만 물어보겠다. 너는 나를 믿느냐?" 그는 대답합니다. "저는 확실히 주님을 믿습니다. 그래서 주일마다 예배를 드리고, 찬송을 부르며, 하나님의 말씀을 묵상하고, 봉사도 하고, 헌금도 합니다. 저는 주님을 믿습니다." 그랬더니 다시 음성이 들려왔습니다. "아니, 정말로 날 믿느냐 이 말이다." 그래서 그가 "정말로 저는 주님을 믿습니다" 하고 대답했더니, 다시 음성이 들렸습니다. "좋다. 그럼 이제 그 나뭇가지에서 손을 떼거라." 하지만 그 사람은 손을 뗄 수가 없었습니다. 그래서 어쩔 줄 모르고 있을 때, 다시 음성이 들렸답니다. "정말 네가 나를 믿으면 손을 떼거라." 그는 조용히 있다가 이렇게 소리쳤답니다. "거기 위에 다른 사람 없습니까?"

성도 여러분, 예수 그리스도를 믿는다는 것이 무엇입니까? 말로 믿는 것입니까? 무엇을 믿는다는 것입니까? 예수 그리스도 안에서 예수 그리스도와 함께하고, 본을 받고, 따르고 순종하는 것을 믿는다고 하는 것입니다. 왜 그렇습니까? 그분이 내 구주가 되심으로, 죽은 우상이 아니라 살아 계시는 주님임을 고백하는 것입니다. 그런데 말로만 "주여, 주여" 한다고 구원받겠습니까? 어림없는 이야기입니다. 참 믿음이 무엇인지를 우리는 다시 생각해야 합니다.

산상수훈 말씀의 적용

오늘 본문 말씀은 산상수훈, 위대한 예수님의 설교인 마태복음 5장, 6장, 7장 전체의 결론 부분이며 그 적용입니다. 예수님께서 팔복을 선언하신 후에 "너희는 세상의 소금이다. 빛이다" 하고 말씀하셨습니다. 그리고 "악인을 대적하지 말라. 오른뺨을 치거든 왼뺨을 대라"는 잠언을 주셨습니다. "구제와 기도와 금식에 대하여 사람에게 보이려고 하지 말라. 은밀하신 하나님을 보고 구제하고, 기도하고, 경건의 생활을 하라"라고 말씀하셨습니다. 그리고 "보물을 하늘에 쌓아두라. 땅에 쌓아두지 말라", "두 주인을 섬기지 말라. 하나님과 재물을 겸하여 섬길 수 없느니라" 하고 말씀하셨습니다. "너희는 먼저 그의 나라와 그의 의를 구하라"라고 말씀하셨습니다. 들보와 티의 잠언도 주셨습니다. "네 눈의 들보를 먼저 뽑아라." 그리고 위대한 황금률을 성경의 요약으로 주셨습니다. 이제 이 모든 말씀을 실천해야 하는데, 삶에 적용하는 가장 중요한 적용의 메시지로 여기서 '좁은 문'의 잠언을 주십니다. 이 잠언의 위치와 중요성을 알아야 합니다. 이 말씀은 산상수훈 전체의 핵심이며, 성경 전체의 대주제입니다. 성도 여러분, 좁은 문을 항상 선택하며 오늘을 살아가십니까? 아니면 아무것도 선택하지 않고 살아가십니까? 넓은 문을 선택하여 방황하며 오늘을 살아가십니까? 깊이 생각해야 합니다.

주께서 말씀하십니다. "생명의 문은 오직 좁은 문뿐이다. 넓은 문은 멸망으로 가는 길이다." 그럼에도 불구하고 성경말씀을 듣고 기억하는 사람들이 넓은 문으로 갑니다. "좁은 문을 찾는 자는 적고, 넓은 문을 찾고 가는 사람은 많으니라." 이 잠언의 내용은 세상 현실 그대로입니다. 예수님의 마음을 생각해 보십시오. 분명한 생명의 문인 좁은 문이 있는데, 사람들이 그 길로 가지 않습니다. 그 문으로 들어가지를 않습니다. 자꾸 넓은 문을 찾아 헤매며 방황합니다. 얼마나 불쌍하고 애통한 마음이 들겠습니까? 성도 여러분, 이 잠언에 순종하며 살아가는 하나님 자녀의 마음이 항상 그와 같습니다. 거듭난 자의 마음입니다. 이처럼 넓은 문은 죽는 길인데도, 멸망으로 가는 이 길을 찾아가면서 스스로 행복을 논하고 인생을 논합니다. 한마디로 무지입니다.

예수 그리스도 자체가 좁은 문입니다. 그래서 좁은 문은 우리에게 항상 걸림돌이 됩니다. 불신자에게도 그렇고, 믿는 자에게도 일상에서 걸림돌이 됩니다. 이게 넓은 문이면 좋겠는데, 세상의 많은 문 중에 하나면 좋겠는데, 그렇지 않습니다. 예수님은 'I'm the way. 나는 그 길이다. 나는 그 진리다. 나는 그 생명이다'라고 말씀하셨습니다. 예수님이 유일한 문이시며, 나머지는 다 멸망으로 가는 길이라고 말씀하셨습니다. 이 세상에는 수많은 종교가 있습니다. 기독교가 종교 중의 하나라면 넓은 문이겠지만, 복음은 그렇게 선포하지 않습니다. 예수님만이 좁은 문입니다. 나머지는 아닙니다. 그러므로 좁은 문으로 가는 하나님의 자녀는 넓은 문으로 가는 사람에게 그 문이 아니라고 말할 수 있어야 합니다. 이것이 분별이요, 동시에 선택입니다. 또한 세상에는 수많은 지식과 사상과 철학이 있습니다. 교훈적인 좋은 내용이 많이 있지만, 그 시작과 끝은 멸망입니다. 하나님을 경외하지 않습니다. 영생의 길을 알지 못합니다. 생명의 문이 아닙니다. 그것을 분별해야 합니다. 또한 나 자신이 문제입니다. 자아가 항상 나 중심의 자기 유익, 자기 행복, 자기 성공을 선택하게 만듭니다. 예수님과 항상 부딪칩니다. 그래서 걸림돌이 됩니다. 예수님께서는 다 아셨기에 말씀하셨습니다. "좁은 문으로 들어가라. 그것만이 생명의 문이니라."

성도 여러분, 오늘 기독교 안에서 한번 생각해 보십시오. 많은 기독교인의 숫자를, 교회의 수를 자랑하지만, 이미 모두가 알고 있고 인정하기 싫을 뿐이지 거듭난 그리스도인은 극소수입니다. 성경이 말씀해 주고 있는 그대로 가고 있습니다. 이런 비참한 현실, 왜 그렇습니까? "좁은 문으로 들어가라"는 말씀을 추상적으로 듣기 때문입니다. 이 말씀의 중요성을 알지 못해서 그렇습니다. 자꾸 넓은 문으로 들어가고, 넓은 길을 찾아 헤매기 때문입니다. 그리스도인의 삶이 무엇인지를 알지 못하는 이유입니다.

좁은 문은 생명의 문이요, 천국의 문입니다. 우리 입장에서 보면 참으로 유감스럽습니다. 생명의 문, 천국의 문도 좋지만, 이왕이면 성공의 문, 만사형통의 문을 만들어 주면 얼마나 좋겠습니까? 문제는 그게 아니라는 것이지요. 그것을 분별해야 합니다. 절대 아닙니다. 좁지만, 이 좁은 문은 열려 있습니다. 열린 문입니다. 그러면서도 항상 열린 문이 아니라는 것을 알아야 합니다. 구원의 때가 있습니다. 내 마음대로 구원받고, 안 받고 하는 것이 아닙니다. 내 마음대로 들락날락할 수 있는 문이 아닙니다. 은혜의 때, 구원의 때가 있습니다. 열릴 때도 있지만, 닫힐 때가 있습니다.

또한 이 문은 좁아서 한 사람씩 밖에 못 들어갑니다. 한 사람씩만 들어갈 수 있는 문입니다. 다수가 우르르 함께 들어갈 수 있는 문이 아닙니다. 그래서 성경은 말씀합니다. "각각의 믿음으로." 각자의 믿음으로 구원받습니다. 선지자의 아들도 안 됩니다. 목사의 아들도 안 됩니다. 각자에게 구원에 이르는 믿음이 있어야 구원받습니다. 그 문을 말씀합니다. 우리가 전도할 때 이런 경우를 많이 봅니다. "예수 믿으십니까? 신앙생활 하세요?" 하고 물을 때, 그렇다고 대답할 수 없는 처지가 되면 슬쩍 제 가족 중에 누가 다닌다고 말합니다. 좀 심한 사람은 돌아가신 분을 얘기하기도 합니다. "우리 조부께서 옛날에 장로였고, 목사였는데요." 참 무식한 이야기를 하고 있습니다.

좁은 문인데, 이 사람은 항상 열린 문을 생각합니다. 넓은 문을 그냥 따라가면 되는 줄 압니다. 아닙니다. 한 사람씩 각자의 믿음으로 들어갈 수 있는 문입니다. 동시에 이 좁은 문은 소유와 성공, 명예와 인기, 권력을 가지고 들어갈 수 있는 문이 아닙니다. 오직 영원한 생명만으로 들어갈 수 있는 문을 의미합니다.

좁은 문을 결론으로 말씀하시는 이유

성도 여러분, 예수님께서는 위대한 설교를 말씀하시고 왜 결론적인 적용으로 이 좁은 문의 잠언을 우리에게 말씀하십니까? 더 크게 생각해 보면 성경 전체는 좁은 문으로 들어가라는 말씀입니다. 왜 이처럼 좁은 문을 강조합니까? 예수 그리스도 안에서 성경을 깊이 묵상해 보면 두 가지 이유로 그렇습니다. 첫째는 예수님이 전파하신 하나님의 복음이 좁은 문이기 때문입니다. 넓은 문이 아닙니다. 세상에 있는 모든 문들 가운데 하나가 아닙니다. 완전히 구별된 좁은 문입니다. 그리고 복음의 메시지도 오직 하나입니다. 교훈적인 많은 사건이 있지만, 핵심 메시지는 하나입니다. 하나님의 나라입니다. 예수님께서 전파하신 복음은 하나님의 나라입니다. "하나님의 나라가 왔느니라. 죽은 다음에 가는 하나님 나라말고, 오늘 여기에 하나님 나라가 왔느니라." 이것이 예수님이 전파하신 하나님의 복음입니다.

그리고 하나님 나라는 하나님의 주권과 통치와 섭리와 경륜을 말합니다. 추상적인 하나님이 아니라, 역사의 주인과 창조주로 살아 계신 하나님을 말합니다. 하나님의 구체적인 역사를 말합니다. "하나님의 나라가 세상 속으로 나타났느니라. 귀로만 들었던 그 통치와 섭리가 사건으로 세상 속에 들어왔느니라." 이것이 복음입니다. 그래서 예수님께서 이 땅으로 들어오셨습니다. 그게 성육신입니다. 복음의 시작입니다. 좁은 문의 메시지입니다. 그런데 예수님이 이 말씀을 하실 때 인류는 하나님이 보시기에 악인들입니다. 불신자입니다. 불의한 자들입니다. 심판의 대상이요, 진노의 자녀입니다. 하나님을 떠나 불신앙 가운데 망령된 길, 멸망으로 가는 사람들입니다. 그럼에도 불구하고 다 아시고도 하나님의 복음을 우리에게 주셨습니다.

그 복음의 메시지는 소원성취, 세상의 번영과 유토피아가 아닙니다. 조금도 생각하지 마십시오. 내가 아무리 생각해도 될 일이 아닙니다. 하나님께서 하실 일입니다. 그 메시지는 하나님의 은혜와 사랑입니다. 하나님의 복음을 받을 만한, 은혜와 사랑을 받을 만한 자격과 능력이 없는데 이것을 주셨습니다. 입에 넣어주셨습니다. 성령이 주관하시어 나 같은 사람을 변화시키시고 믿게 하셨습니다. 주님만 따라가는 자로 변화시키십니다. 얼마나 감사한 일입니까! 그러나 그 문은 참으로 좁은 문입니다. 예수님의 생애를 보십시오. 처음부터 끝까지 하나님 나라를 전파하셨습니다. 예수님은 항상 많은 선택 중에 하나님 나라를 보셨습니다. 하나님 나라를 선포하셨습니다. 하나님 나라의 말씀을 하셨습니다. 부활 이후에도 하나님 나라만을 전파하셨습니다. 그리고 그 하나님 나라에 들어가는 길을 여시기 위하여 십자가로 향하셨습니다. 그분의 생애는 하나님 나라와 십자가, 그것뿐입니다. 그것을 선택하셨습니다. 저절로 가만히 있어서 될 일이 아닙니다.

또한 좁은 문은 하나님의 뜻이요, 방식입니다. 그래서 강조하십니다. 인간의 지혜, 능력, 생각과 같은 것들은 아무리 좋다고 한들 다 넓은 문이요, 넓은 길입니다. 오직 하나님의 뜻과 방식만이 좁은 문입니다. 이것을 구별해야 합니다. 그러므로 성경이 말씀하는 구원은 오직 예수 그리스도를 나의 구주로 영접하여 하나님의 은혜로 말미암아 이루어집니다. 그 외에는 다른 길이 없습니다. 이것은 타협의 대상이 아닙니다. 이제 예수 그리스도를 믿는 자는 모든 것이 분별됩니다. 절대 가감할 수 없습니다. 100퍼센트 복음이어야 합니다. 그런데 이것을 99퍼센트나 90퍼센트로 만들면 더 나쁩니다. 99퍼센트가 제일 사악합니다. 온전한 것을 깨뜨렸기 때문입니다. 완전해야 능력이 나타나는데, 1퍼센트를 가감해 버렸습니다. 인간의 지식으로는 더 그럴듯하고, 더 풍성한 것 같지만, 아닙니다. 하나님이 보시기에는 무서운 죄입니다. 복음을 파괴하고 변질시킨 것입니다. 그래서 오늘 본문 다음에 15절에서 예수님이 말씀하십니다. 계속 적용에 대한 말씀을 주십니다. "거짓 선지자를 삼가라." 그런데 당시에 대부분이 거짓 선지자인 것을 우리는 성경을 통해 압니다. 다 존경받고, 도덕적이고, 지식도 있었는데 왜 그런 것입니까? 하나님의 복음을 그대로 받아들이지 못했기 때문입니다. 좁은 문을 거부했기 때문입니다. 깊이 생각해야 합니다.

황금률, 하나님의 뜻입니다. 여기다 무엇을 가감할 이유가 없습니다. 이것이 성경이요, 성경의 요약이라고 주께서 말씀하셨습니다. 그런데도 한 주일 동안도 안 지킵니다. 심각한 문제입니다. 그래서 주께서 말씀하십니다. "좁은 문으로 들어가라." 십자가의 복음은 좁은 문입니다. 이 문이 유일한 구원이요, 생명의 문임을 우리는 분명히 믿고 선택해야 합니다.

그리고 우리가 더 깊이 생각해야 할 문제가 하나 더 있습니다. 바로 좁은 길에 대한 것으로, 과거에 그런 생각을 많이 해봤습니다. 좁은 문으로 들어가야 하는 것은 확실한데, 여기서 좁은 문으로 들어가야 넓은 길이 있을 것 같다는 생각을 했습니다. 하지만 이런 생각 하지 마십시오. 그러면 끝입니다. 왜 그렇습니까? 예수님께서 말씀하십니다. "길이 협착하느니라." '협착하다'는 것은 너무 좁다는 것입니다. 성도 여러분, 우리 중에 많은 사람이 예수 믿고 좁은 문으로 들어왔다고 하고서는 그다음은 제멋대로 합니다. 말씀에 순종하지를 않습니다. 자기 방식대로 믿겠다고 합니다. 그러면 구원받겠습니까? 그래서 예수님께서 말씀하십니다. "길이 협착하느니라." 문은 한 번에 들어갈 수 있지만, 길은 계속 가야 합니다. 좁은 문, 좁은 길을 예수님께서 강조하십니다.

누가복음 9장 23절에 예수님께서 말씀하십니다. 유명한 말씀입니다. "아무든지 나를 따라오려거든 자기를 부인하고, 날마다 제 십자가를 지고 나를 따를 것이니라." 자신을 부인하는 것, 자기 십자가를 지는 것, 예수님을 따르는 것, 이 세 가지가 없이는 아무도 구원받지 못합니다. "주여, 주여" 하면서, 또 "나는 주를 믿습니다" 하면서 찬양하고 전도도 하는데, 정작 삶 전체는 주님을 따라가지 않고 본받을 생각이 없다면, 자기 부인도 없다면 도대체 무엇으로 구원받겠다는 것입니까? 도대체 이게 무슨 믿음입니까? 믿음 자체에 능력이 없는데 말이지요. 그리스도안에 있어야 능력이 있습니다. 이것을 우리는 분별해야 합니다.

그러므로 날마다 항상 선택해야 합니다. 믿음의 선택을 주 안에서 해야 합니다. 그렇지 못하면 내가 선택하지 않는 것에 끌려다니게 됩니다. 저나 여러분이나 매일 경험하는 것입니다. 사탄이 유혹합니다. 자아가 유혹합니다. 세상이 나를 끌어갑니다. 세상, 사탄, 자아는 예수님과 항상 정반대입니다. 믿음의 사람은 예수님을 선택합니다. 예수 그리스도 안에서 생각합니다. 그렇지 못하면 바른 신앙생활을 하지 못합니다. 복을 받았을 때, 그 복을 누리지 못합니다. 항상 불안하고, 답답하고, 두렵고, 좌절하고, 낙심합니다. 그것은 그리스도인의 삶이 아닙니다. 하나님께서 평강과 은혜와 사랑과 기쁨을 주셨는데, 왜 누리지 못합니까? 넓은 문, 넓은 길로 갔기 때문입니다.

하늘에 계신 아버지의 뜻대로 행하는 사람

오래전에 있었던 일입니다. 독일의 한 조각가가 오랫동안 꿈꿔왔던 예수님 조각상을 만들기로 마음먹고 작업을 시작했습니다. 무려 4년이 걸렸습니다. 다 만든 다음에 주일학교 교사여서 학생들을 불러다가, "이분이 누군지 아니?" 하고 물었습니다. 그런데 다들 모르겠다고 대답하는 것입니다. 그는 너무나 실망해서 깨트려 버리고, 다시 2년 동안 집중해서 예수님 조각상을 만들었습니다. 그리고 다시 그 아이들을 불러서 물었습니다. 이번에는 다들 "이분은 예수님이십니다"라고 대답했습니다. 그는 너무나 기뻤습니다. 스스로 너무나 자랑스러웠습니다. 그리고 유명세가 널리 퍼져나가 당시 프랑스에서 엄청난 작업비와 함께 미의 여신인 비너스 상을 조각해 달라는 요청이 들어왔습니다. 그러나 그는 단호하게 거절하며 이렇게 말했습니다. "거룩하신 예수님의 상을 조각한 손으로 이방인의 신을 조각할 수는 없습니다."

성도 여러분, 산상수훈 결론 부분인 21절에 충격적인 예수님의 말씀이 또 기록됩니다. "나더러 주여 주여 하는 자마다 다 천국에 들어갈 것이 아니요 다만 하늘에 계신 내 아버지의 뜻대로 행하는 자라야 들어가리라." 그리고 계속해서 말씀하십니다. "귀신을 축출하고, 선지자 노릇을 하고, 많은 능력을 행할지라도 천국에 들어가지 못하리라." 귀신을 축출하고, 선지자 노릇을 하며 많은 능력을 행한다면 대단히 유명하고 존경받는 사람일 것입니다. 그런데도 천국에 들어가지 못하리라고 말씀하십니다. 무엇이 문제입니까? 넓은 문, 넓은 길로 간 것입니다. 좁은 문, 좁은 길로 가야 하는데 세상과 타협했습니다. 성도 여러분, 우리 인생에는 매일매일 좁은 문 또는 넓은 문이 놓여 있습니다. 좁은 길이나 넓은 길도 열려 있습니다. 살아있는 동안 우리는 무엇을 선택해야 합니까? 좁은 문입니까, 아니면 넓은 문입니까? 또는 아무것도 선택하지 않습니까? 하나님의 자녀는 성령 안에서 믿음의 선택을 합니다. 좁은 문, 좁은 길을 선택합니다. 왜 그렇습니까? 주님의 말씀이기 때문입니다. 구원에 이르는 믿음이란 좁은 문, 좁은 길을 날마다 선택합니다. 그 안에서 기대하지 않았던 신령한 말씀을 듣고 체험하며, 능력에 감사하면서 형통한 삶을 살아가는 것입니다.

믿음의 조상 아브라함을 생각해 보십시오. 성경에서 보면 당시 주변에는 온통 우상숭배자가 있었습니다. 하나님에 대해 참으로 무지한 시대였습니다. 어떻게 보면 아브라함 혼자인 것 같습니다. 믿음은 외로운 싸움입니다. 믿음의 선택을 해야 하니, 나와 싸우고 또한 세상과 싸워야 합니다. 주께서 약속된 땅으로 가라고 하십니다. 미지의 땅입니다. 좁은 문입니다. 좁은 길입니다. 한 번에 갈 수 있는 것도 아닙니다. 그러나 믿음으로 선택하며 승리합니다. 믿음의 조상이 됩니다. 선지자와 사도들도 같은 믿음의 싸움을 싸우며 믿음의 선택으로 하나님께 영광 돌리는 삶을 살았습니다. 모든 거듭난 그리스도인은 같은 방식으로 좁은 문, 좁은 길을 선택하며 그 길로 나아가 하나님의 은혜와 사랑을 체험하고 복음의 증인으로 승리하게 됩니다.

성도 여러분, 내 안에 있는 보혜사 성령께서는 항상 우리를 그리스도께로 인도하십니다. 그리스도를 선택하게 하십니다. 그리스도의 마음과 생각과 지식과 태도를 본받으며, 그리스도를 따르는 삶을 살아 그리스도의 영광을 나타내게 하십니다. 모든 것이 선택입니다. 하나님의 은혜에 대한 응답은 믿음의 선택입니다. 성령 충만함을 허락하십니다. 자아 성취하라고 주시는 것이 아닙니다. 하나님의 뜻을 분별하며 좁은 문, 좁은 길로 나아가도록, 그 속에서 주와 동행하며 하나님의 영광을 나타내며 승리하게 하십니다.

† 기도

창조주이시며 거룩하신 하나님 아버지. 오직 예수 그리스도를 믿음으로 하나님의 자녀 되어 이제는 전과 구별된 좁은 문, 좁은 길의 신비를 알고, 그 길을 따라 그 문에 들어가기를 힘쓰며, 그 안에서 주와 동행하며, 영 주도적인 삶을 살며, 하나님께 영광 돌리는 삶을 살게 하여 주심에 진심으로 감사드립니다. 그러나 이 고귀한 좁은 문의 잠언을 망각하며 주님의 말씀에 불순종하여 예수님을 나의 주로 고백함에도 불구하고 신령한 복을 누리지 못하고, 소망의 삶을 나타내지 못하며, 오히려 넓은 문, 넓은 길을 찾아 방황하며, 두려움과 절망과 근심과 불안과 염려와 슬픔 속에 살아가는 죄인을 용서하여 주시옵소서. 나의 주 성령이시여, 성령을 받은 하나님의 자녀 속에 강력하게 역사하시어 성령께 순종하여 날마다 예수 그리스도를 선택하며, 믿음의 선택으로 그리스도를 따르며 본받아 오직 그리스도의 영광을 나타내는 승리의 삶을 살도록 함께하여 주옵소서. 우리 주 예수 그리스도의 이름으로 간절히 기도드리옵나이다. 아멘.

13장

나무와 열매

13 | 나무와 열매

거짓 선지자들을 삼가라 양의 옷을 입고 너희에게 나아오나 속에는 노략질하는 이리라 그들의 열매로 그들을 알지니 가시나무에서 포도를, 또는 엉겅퀴에서 무화과를 따겠느냐 이와 같이 좋은 나무마다 아름다운 열매를 맺고 못된 나무가 나쁜 열매를 맺나니 좋은 나무가 나쁜 열매를 맺을 수 없고 못된 나무가 아름다운 열매를 맺을 수 없느니라 아름다운 열매를 맺지 아니하는 나무마다 찍혀 불에 던져지느니라 이러므로 그들의 열매로 그들을 알리라

(마태복음 7:15-20)

한 수도사가 올리브 묘목을 심고 날마다 기도했습니다. "주여, 뿌리가 자랄 수 있도록 단비를 내려주옵소서." 하나님께서 단비를 내려주셨습니다. 수도사는 또 기도했습니다. "주여, 나무에 햇빛이 필요합니다." 그러자 먹구름이 물러가고 햇빛이 비쳤습니다. 나무를 키우는 데 걱정이 많은 이 수도사가

동료 수도사에게 나무 키우는 이야기를 했습니다. 얘기를 듣던 동료 수도사가 말했습니다. "저도 작은 올리브 한 그루를 심어 키우고 있습니다. 그런데 아주 잘 자라고 있습니다." 부러운 마음에 수도사는 그 비결이 무엇인지를 물었습니다. 그러자 동료 수도사는 평안한 얼굴로 걱정이 하나도 없는 듯 이렇게 말했습니다. "저는 심어놓은 올리브 나무를 하나님께 맡깁니다. 나무를 만드신 하나님께 말입니다. 하나님은 저보다 나무가 필요로 하는 걸 더 잘 알고 계십니다. 그러므로 저는 제가 판단해서 나무의 필요를 요구하기보다, '주여, 이 나무가 필요로 하는 것을 주시옵소서. 강풍이든 햇빛이든 또한 바람이든 비든 서리든, 주께서 때를 따라주시옵소서. 주께서 이 나무를 만드셨고 잘 아시는 줄 아나이다'라고 기도하며 순종할 뿐입니다." 깊이 생각해 보시기 바랍니다.

그리스도인의 사역의 핵심은 믿음

성도 여러분, 모든 거듭난 그리스도인은 사역으로 부름받았다는 사실을 인식하며 살아가야 합니다. 모든 하나님의 자녀는 사역으로 부름받은 존재입니다. 우리에게 주신 사역은 오직 하나, 하나님의 뜻을 분별하고, 그 뜻을 행하는 것입니다. 예수님께서 행하신 사역은 오직 하나입니다. 하나님의 뜻을 분별하고, 그 뜻에 순종하며, 그 뜻을 행하는 것입니다. 그러므로 모든 하나님의 자녀는 그리스도를 본받아 하나님의 뜻을 분별하고 행해야 할 책임과 특권이 있다는 것을 항상 기억해야 합니다. 그러기 위해서는 사역이 무엇인지 알아야 합니다. 사역, ministry의 본질이 무엇인가를 알아야 바른 사역을 할 수 있습니다. 사역은 나의 힘과 열심과 능력으로 행하는 무엇이 아닙니다. 이것을 항상 기억해야 합니다. 성경에서 말씀하는 사역은 '믿음'입니다. 내가 믿어야 할 하나님의 사역, 하나님의 역사가 나를 통해서 이루어진다는 믿음을 의미합니다. 그러기에 하나님의 자녀는 항상 하나님과 바른 관계를 맺으며, 믿음으로 나 같은 죄인을 통해 하나님께서 하나님의 뜻을 이루신다는 사실을 믿고, 그 믿음에 합당한 인생을 살아가야 합니다. 그것이 곧 사역입니다.

성도의 사역은 항상 예수 그리스도 안에서 성취됩니다. 예수 그리스도를 떠나서는 아무것도 이루어지지 않습니다. 그러기에 항상 좁은 문, 좁은 길을 찾아 들어가며 또한 그곳으로 나아가야 합니다. 세상의 넓은 문, 넓은 길이 아닙니다. 결코 아닙니다. 그런 길을 가서는 아무리 열심히 일하고 노력하며 헌신한다고 해도, 하나님이 기뻐하시는 아름다운 열매를 맺을 수 없습니다. 오직 예수 그리스도 안에서, 오직 성령을 통하여, 오직 믿음으로, 오직 복음을 전파하며, 오직 은혜로 되는 것이 성도의 사역입니다. 좁은 길, 좁은 문뿐입니다. 그러므로 성도의 사역은 사람에게 보이려고 해서는 안 됩니다. 사람을 의식한다면, 이미 사역이 빗나간 것입니다. 사람들이 뭐라 할지, 평판만을 생각할 때는 이미 바른 사역이 아닙니다. 더 나아가 인간의 기준, 방식, 목표를 정해놓고 해서도 안 됩니다. 효과적일 것 같지만 항상 다툼과 시비와 원망만 있으며, 그리고 복음의 역사가 나타나지 않습니다. 세상의 관점과 판단에 이끌려서도 안 됩니다. 무엇보다도 대중적 인기와 성공을 기대해서는 안 됩니다. 그런 것은 넓은 문, 넓은 길입니다. 성도의 사역은 항상 좁은 문, 좁은 길이어야 합니다.

그럼에도 불구하고, 역사 안에서 보면 오늘도 잘못된 사역을 많이 봅니다. 그 대표적인 것이 번영의 신학, 번영의 복음입니다. 이것은 사람에게 보이려고 성장이라는 목표를 정해 놓습니다. 그리고 그것을 효과적으로 달성하기 위해 복음을 왜곡합니다. 예수 믿고 자아 성취를 이루고, 부와 건강을 얻고,

만사형통한다고 말합니다. 그러니 "아멘" 하면서 세례 받고, 신앙생활을 한다면서 같은 짓을 하게 됩니다. 이것은 하나님의 뜻이 아닙니다. 또한 조직적으로 연합해서 크게 이벤트를 벌여 많은 사람이 모여 "주여"를 외치며 하나님께 기도함으로 하나님께 영광 돌린다고 말합니다. 천만의 말씀입니다. 그것은 세상에 많은 사람이 함께 모였다는 것을 보여줄지는 모르지만, 하나님의 방식은 아닙니다. 우리는 강함을 통해서 무언가를 나타내기 원하지만, 하나님은 오히려 약함을 통해서 하나님의 은혜와 진리를 나타내십니다. 이것이 좁은 문, 좁은 길입니다. 더욱이 시대마다 좌파 우파를 논하면서 하나님의 일을 한다고 하지만, 그것은 거짓말입니다. 그들 모두는 하나님의 종이 아닙니다. 분별해야 합니다.

거짓 선지자들을 삼가라

그래서 예수님께서 오늘 말씀하십니다. "거짓 선지자들을 삼가라." 이것은 산상수훈의 결론 부분에서 주신 말씀입니다. '삼가라'는 것은 '경계하라, 조심하라'는 것입니다. '분별하여 판단하라'는 말씀입니다. 여기서 거짓 선지자들은 당시의 거짓 선지자들을 말하지만, 오늘날에는 거짓 사역자들을 의미합니다. 그러므로 거짓 목회자, 신학자, 선교사, 사역자 모두를 가리킵니다. 오늘 우리에게 주신 하나님 말씀입니다. "거짓 사역자들을 삼가라." 성도 여러분, 교회의 타락과 위기가 바로 여기에 있습니다. 거짓 종들이 하나님의 복음을 왜곡하고 가감함으로써 그런 일이 벌어집니다. 그렇게 잘못된 사역이 이루어지니, 그 결과는 교회의 위기와 타락입니다. 과거나 오늘이나 항상 똑같은 일이 벌어지고 있습니다.

유대 종교를 생각해 보십시오. 스스로 하나님의 선민이고, 하나님께 영광 돌리는 백성이라고 하지만, 거짓 종교 지도자들을 따라가는 거짓 사역자들로 인해서 하나님의 영광이 가로막히고 망쳐집니다. 잘못된 사역의 결과가 나타납니다. 오늘도 마찬가지입니다. "주여"를 외치면서 하나님의 일을 한다며 전도하고, 구제하고, 봉사하는 등 무엇인가 하는 것 같지만 전혀 열매를 거두지 못합니다. 사역이 무엇인지를 모릅니다. 더욱이 넓은 문, 넓은 길로 나아갑니다. 그곳에서는 하나님의 뜻이 이루어지지 않습니다. 그래서 주께서 조금 더 구체적으로 말씀합니다. "그들은 양의 옷을 입은 이리다." 하나의 잠언입니다. 겉과 속이 다르다는 말입니다. 겉을 보면 양이요, 하나님의 종이요, 하나님께 헌신된 사역자들처럼 보입니다. 그러나 그 속은 양이 아닙니다. 이리입니다. 분별하기 어렵습니다. 그래서 주께서 강조하며 말씀하십니다. "거짓 사역자들을 경계하라. 조심하라."

성경에 보면 사탄은 광명의 천사로 위장하고 나타난다고 말씀합니다. 사탄이 괴물처럼 나타나야 하는데, 그렇지 않습니다. 빛의 천사처럼 너무나 고결하고, 거룩하고, 아름답고, 도덕적이고, 지적인 존재로 나타나니 분별하지 못합니다. 더욱이 대중적 인기가 있고, 능력과 지식이 있고, 도덕적으로 보여서 성공을 거둡니다. 분별할 수 있겠습니까? 그것을 경계하라고 말씀합니다. 구약 시대를 대표하는 하나님의 말씀이 예레미야 8장 11절입니다. "그들이 딸 내 백성의 상처를 가볍게 여기면서 말하기를 평강하다, 평강하다 하나 평강이 없도다." 무슨 말씀입니까? 하나님의 종을 자처하면서 표면적으로는 선지자요, 하나님의 사역자로 나타나지만, 거짓된 선지자라는 것입니다. 평강을 말하면서, 심판을 말하지 않습니다. 은혜를 말하면서, 자아 부인을 말하지 않습니다. 믿음을 말하면서, 순종을 말하지 않습니다. 사람들 코드에 맞게 부분적인 것만 전합니다. "하나님의 백성이니까, 하나님께서 복을 주십니다. 걱정하지 마세요. 모든 일이 잘 될 것입니다"와 같은 즐거운 이야기만 합니다. 아닙니다. 그렇게 된 적이 없습니다. 그래서 그들이 평강을 말하지만 평강은 없으니, 저들을 조심하라는 것입니다. 사랑을 말하면서 거룩이 없습니다. 심판을 말하지 않습니다. 듣기 좋은 소리만 합니다. 위로해 주고, 즐거운 마음만을 얻게 하는 그들을 분별하라고 말씀합니다.

실제 유대 종교 지도자들을 보면 다 민족주의자들이요, 애국자들이었습니다. 나라와 민족을 위하여 말하니 분별하기 어렵습니다. 말도 잘합니다. 도덕적입니다. 사람이 참 멋있어 보입니다. 그러니 속을 수밖에요. 그것을 분별하라는 것입니다. 그들은 하나님의 종이 아니니 메시지로 분별하고, 열매로 분별하라는 것입니다. 그러면서 주께서 말씀하십니다. "양의 옷을 입었을 뿐이다. 겉과 속이 다르다. 속은 이리다. 분별하기 어려운 일이나, 너희들은 하나님의 자녀이므로 분별해야 하느니라. 이것을 분별하라." 그러면서 주신 잠언이 나무와 열매의 말씀입니다. 이것은 모든 하나님의 자녀에게, 모든 사역자에게 주신 말씀입니다. 특별히 이 나무와 열매의 잠언은 산상수훈의 결론에 대한 적용으로 주신 말씀입니다. 좁은 문, 좁은 길에 대한 보다 구체적인 적용으로 주셨습니다. 그 중요성을 알아야 합니다. 이 잠언의 내용은 너무나 단순합니다. 잠언은 항상 단순하고, 누구나 다 알아들을 수 있는 것입니다. 좋은 나무는 아름다운 열매를, 좋은 열매를 맺습니다. 하지만 나쁜 나무는, 못된 나무는 나쁜 열매를 맺습니다. 그런데 이 속에 하나님의 복음과 메시지가 감춰져 있습니다. 여기서 '못된'이라는 말은 '부패한(corrupt)' 또는 '나쁜(bad)'이라는 말입니다. 썩은 나무라면 바로 알겠는데, 보기에는 멀쩡합니다. 그러니 어떤 게 좋고 나쁜지 알 수 있겠습니까? 분별하기 어렵습니다. 그러므로 열매로 알 수 있다고 하십니다. 나쁜 나무는 나쁜 열매를 맺고, 좋은 나무는 좋은 열매 맺으니 열매로 분별할 수 있다고 우리에게 말씀해 주십니다.

사역의 결과로 맺어야 할 열매들

이 메시지 안에서 우리가 기억해야 할 것은 사역의 결과입니다. 사역의 결과를 분명히 알고 오늘을 살아가야 합니다. 그렇지 못하면 사역을 망치고, 잘못된 사역자가 되고 맙니다. 흔히 사역의 결과를 성공이라고 생각합니다. 깜짝 놀랄 만한 능력이 나타나고, 인기를 얻으면 성공한 것이라고 말합니다. 그리고 숫자로 생각합니다. 엄청나게 많은 팔로워가 생기거나 또는 큰 업적을 남기고 공로를 세우는 것과 같은 종류를 생각합니다. 하지만 그것은 세상 이야기이고, 종교 이야기입니다. 복음과는 거리가 멉니다. 성경은 그렇게 말씀하지 않습니다. 오늘 본문 말씀대로 열매가 사역의 결과입니다. 이것을 잊어서는 안 됩니다. 성경 전체의 주제입니다. 사역의 결과는 열매입니다. 그런데 눈에 보이는 그런 것들이 아닙니다. 내적이고 영적인 것입니다. 불신자들이 느낄 만한 그런 것들이 아닙니다.

그러면 열매란 무엇입니까? 최소한 우리는 세 가지를 기억해야 합니다. 먼저는 성령의 열매입니다. 갈라디아서 5장에 기록되어 있습니다. 사랑, 희락, 화평, 오래 참음, 자비, 양선, 충성, 온유, 절제입니다. 이런 놀라운 신적 성품이 내 안에 나타나고, 나를 통해서 나타나는 것이 사역입니다. 이러한 결과가 나타나는 것입니다. 있을 수 없는 일이 내게 나타나고, 남에게 나타나는 것입니다. 성도 여러분, 내가 갖지 않은 것을 줄 수는 없습니다. 내 안에 일어난 일들이 넘쳐서 나타나는 것이 사역입니다. 그 사역의 결과가 열매입니다. 또 하나, 이 산상수훈의 전체 핵심은 팔복입니다. 그것을 계속해서 말씀하고 계십니다. 심령이 가난한 자, 애통하는 자, 온유한 자, 의에 주리고 목마른 자, 긍휼히 여기는 자, 마음이 청결한 자, 화평하게 하는 자, 의를 위하여 박해를 받은 자, 이런 마음을 받은 자가 복이 있다고 말씀하십니다. 이것이 하나님의 복음입니다. 이것을 성령께서 우리 안에 행하십니다. 그것이 열매입니다. 그리고 그 열매가 넘쳐흐르며 나타납니다. 이것은 성공과는 무관합니다. 하나님의 뜻이 하나님의 자녀를 통해서 이루어집니다. 그래서 사역은 믿음입니다. 믿음의 열매를 거두어야 합니다. 대형 교회나 대형 집회와 같은 것이 아닙니다. 눈에 띌 만한 성공도 아닙니다. 도덕적 성취도 역시 아닙니다. 인간의 뜻이 이루어지고, 나의 소원이 이루어지고, 보기에 놀라는 일이 일어나는 것은 사역의 결과가 아닙니다. 이것을 분별해야 바른 신앙생활을 하며, 바른 사역을 할 수 있습니다.

간단한 예로 사도들을 생각해 보십시오. 그전에 먼저 예수님을 생각해 보십시오. 예수님은 신적 능력과 지혜를 가졌지만, 그분의 사역의 결과는 무엇이었습니까? 십자가에 피 흘려 죽으시는 것이었습니다. 이것을 무슨 성공이라고, 깜짝 놀랄 만한 사건이라고 말할 수 있겠습니까? 이처럼 눈에 보이는 결과가 아니라, 영적이며 내적인 것입니다. 사도들도 마찬가지입니다. 그들은 항상 박해와 고통을 받으며 다 복음의 증인으로 십자가에 처형되어 순교했습니다. 이것이 열매입니다. 하나님께서 그들을 통하여 뜻하신 바를 나타내시고, 그들의 인생을 통해서 하나님의 뜻이 전파됩니다. 초대교회 교인들의 삶이 또한 그렇습니다. 고향에서 살지 못했습니다. 강제로 추방되어 먼 이방 땅에 가서 고통받으며 나그네로 살았습니다. 그러나 그 과정에서 오직 복음의 증인으로 하나님께 영광을 돌리게 됩니다. 그들의 삶을 통하여, 각자에게 주어진 삶 속에서 하나님의 뜻이 이루어집니다. 이것을 잊어서는 안 됩니다.

현대 선교의 아버지라고 불리는 윌리엄 캐리의 40년 선교 사역을 들어보십시오. 1793년, 영국에서 인도로 배를 타고 건너가 사역하는 중에 다섯 살짜리 아들을 잃었고, 아내는 정신병을 앓았습니다. 사역한 지 7년이 지난 후에야 첫 회심자가 나타났으며, 수년 동안 애써 번역한 성경은 화재로 잃어버렸습니다. 그러나 그는 40년 동안 꾸준히 사역했습니다. 나 같은 죄인을 통하여 하나님께서 뜻을 이루신다는 것을 믿고, 하나님의 뜻에 순종할 뿐이었습니다. 또한 하나님의 사람 아도니람 저드슨은 미국 최초의 선교사입니다. 1814년에 미얀마로 갑니다. 그곳에서 여섯 살 아들을 잃었고, 1년 반 동안 감옥에 갇혀 고통받았고, 아내는 열병으로 죽었습니다. 그는 정신 질환을 앓아 무척 고생했습니다. 첫 회심자를 만나기까지 5년을 기다려야 했습니다. 하지만 그는 사역을 멈추지 않았습니다. 사역이 생명보다 소중함을 알고 믿었기 때문입니다. 그리고 하나님께서 그를 통하여 하나님의 역사를 나타내십니다.

거듭남과 중생의 역사로 맺는 열매

무엇보다도 이 잠언의 초점, 강조점은 나무입니다. 좋은 나무에 초점이 있습니다. 열매가 아닙니다. 열매는 좋은 나무가 되면 저절로 열립니다. 그러나 좋은 나무가 되지 않으면, 나쁜 열매를 맺을 수밖에 없습니다. 이 잠언에서의 좋은 나무란, 거듭남과 중생의 역사를 의미합니다. 그러므로 먼저 거듭난 하나님의 자녀가 되어야 합니다. 먼저 중생한 자녀가 되어야 좋은 나무가 되어 좋은 열매를 맺게 됩니다. 그렇지 못하면 아무리 열심으로 봉사하고, 구제하고, 선교한다고 해도 한낱 종교인의 삶일 뿐입니다. 바리새인보다 더 나은 것이 아닙니다. 그들은 소득의 10의 3을 헌금으로 내고, 온 생을 성경을 연구하고 가르치며 전도하는 데 쏟아부었습니다. 도덕적으로 상당히 높은 수준의 인생을 살았습니다. 그러나 예수님의 비유에서처럼 가라지일 뿐입니다. 나쁜 나무입니다. 좋은 열매를 맺지 못했습니다. 이것을 기억해야 합니다.

성도 여러분, 그러면 좋은 나무인지 아닌지를 어떻게 알 수 있습니까? 알 수 있는 길은 하나입니다. 자기 자신은 압니다. 남이 봐서는 알 수가 없습니다. 분별하기 어렵습니다. 그러나 자신은 알 수 있습니다. 내가 좋은 나무인지 아닌지를 알 수 있습니다. 왜 그렇습니까? 좋은 열매를 맺지 못하면, 그것으로 이미 실체가 밝혀집니다. 자신은 거듭난 그리스도인이고 하나님의 자녀라고 말하며 믿는다고 고백하지만, 그것은 자기 확신일 뿐입니다. 좋은 나무면, 아름다운 열매를 맺습니다. 이것은 반드시 됩니다. 좀 더 구체적으로 살펴보면, 성령이 주시는 마음으로 성령의 열매를 맺으며 그것을 기뻐하면서 오늘을 살아가는지 물어야 합니다. 그것이 말해줍니다. 팔복을 귀하고 기쁘게, 소중하게 여기면서 그 마음과 태도로 오늘을 살아갑니까? 그래야 열매가 맺힙니다. 그런데 성령의 열매도, 팔복의 마음도 없다면 무엇으로 거듭났다고 말할 수 있습니까? 그것을 지적하고 있습니다. 분명 거듭난 하나님의 자녀는 오직 예수 그리스도 안에서 그리스도를 본받으며, 따르며, 그리스도와 동행하는 삶을 갈망하며, 실천하며 오늘을 살아갑니다. 그 외에는 다른 길이 없습니다. 깊이 생각해야 합니다. 그리고 무엇보다 하나님께서 아십니다. 나는 나를 속일지 모르지만, 하나님께서는 아십니다. 좋은 나무는 아름다운 열매를 맺습니다. 전지전능하신 하나님께서는 좋은 나무인지 나쁜 나무인지를 아십니다. 그러므로 우리는 하나님 앞에서 항상 깨어 기도하며 회개해야 합니다. 그리고 믿음으로 하나님의 은혜를 구하며, 복음의 수혜자로 하나님과 동행하는 삶을 지향해야 합니다.

좋은 나무인지 나쁜 나무인지, 좋은 열매를 맺는지 나쁜 열매를 맺는지는 반드시 드러납니다. 역사 안에서 드러나고, 내 인생 안에서 드러나고, 특별히 최후의 심판 때 반드시 드러납니다. 그것이 이 나무와 열매의 잠언입니다. 가룟 유다를 생각해 보십시오. 그는 열두 제자 중에서 가장 우수한 사람입니다. 수많은 고통과 역경을 함께 지냈고, 그중에서 제일 머리가 잘 돌아가고 똑똑한 사람입니다. 그래서 회계의 일을 맡겼습니다. 돈주머니를 맡은 사람입니다. 더욱이 십자가 사건 전까지는 아무도 몰랐습니다. 감쪽같이 속았습니다. 왜 그렇습니까? 겉은 하나님의 종이요, 예수님의 제자입니다. 충성되고, 함께하고, 기도하고, 똑똑해서 말귀도 알아듣습니다. 그런데 속은 변하지 않았습니다. 변한척했을 뿐입니다. 양의 옷을 입은 이리였습니다. 거듭남이 없었습니다. 중생이 없었습니다. 성령의 열매가 맺히지 않았습니다. 팔복의 마음이 주어지지 않았습니다. 그 가치를 알지 못하니, 결정적인 십자가의 사건 때 예수님을 팔아넘깁니다. 결국 반드시 드러난다는 사실을 우리는 기억해야 합니다.

거짓 사역자들을 삼가라

성도 여러분, 교회와 기독교의 최대의 적, 교회와 기독교를 부패시키고 타락시키며 위기로 몰아가는 가장 무서운 적은 무엇입니까? 많은 그리스도인이나 목회자들이 아마 세상이라고 말할 것입니다. 아닙니다. 세상이 그런 것은 하나님께서 이미 다 알고 계십니다. 그럼에도 그냥 두시면서, 하나님의 자녀에게 그 속에서 빛과 소금이 되라고 하십니다. 그리고 예수님 당시나 지금이나 항상 종교 다원주의였습니다. 우상 숭배가 많았고, 수많은 종교가 있었습니다. 하지만 하나님께서는 그대로 내버려 두십니다. 그게 결정적인 위험이 아니었기 때문입니다. 더 나아가, 박해나 고통도 결정적인 이유가 아닙니다.

그런 것들은 항상 있었고, 앞으로도 항상 있을 것입니다. 그렇다면 무엇입니까? 성경 전체가 말씀하고, 오늘 본문의 잠언이 주는 최대의 적은 바로 거듭나지 못한 사역자들입니다. 중생하지 못한 사역자들입니다. 먼저는 목회자요, 그리고 성도들, 교인들입니다. 좁은 문과 좁은 길로 가지 않는 사역자들, 항상 넓은 문과 넓은 길을 취하는 사역자들, 그들이 하나님의 영광을 가로막습니다. 그래서 주께서 말씀하십니다. 이 고귀한 산상수훈 설교의 결론 부분에서 말씀하십니다. "거짓 사역자들을 조심하고, 삼가라."

그들의 공통점은 하나입니다. 세속적인 신앙생활을 했습니다. 하나님과 자신을 겸하여 섬겼습니다. 자기 자신을 절대로 포기할 수 없었습니다. 자아를 포기하지 않았습니다. "주여" 하면서 자기 소원을 구했습니다. 이런 어리석은 행동을 계속하고 있으니 속사람이 변하지 않았습니다. 하나님과 세상을 동시에 사랑한 것입니다. 하나님은 하나님이고, 비록 하나님을 믿는다고 하지만 그래도 세상에서는 행복하고 평안하며 성공해야 한다는 어리석음을 계속 반복했습니다. 더욱이 하나님과 재물을 겸하여 섬깁니다. 내가 가진 소유를 절대 손에서 놓지 않습니다. 성도 여러분, 이런 두 마음을 가진 사람은 거듭나지 못한 인생입니다. 그들이 교회와 기독교의 가장 큰 적이라는 것을 오늘 우리에게 말씀합니다.

지금 교회 바깥을 이야기하는 것이 아닙니다. 교회와 기독교 안에서 될 일을 예수님께서 말씀하십니다. 성도 여러분, 좋은 나무, 거듭난 그리스도인은 반드시 좋은 열매를 맺습니다. 그래서 주께서 말씀하십니다. "좋은 나무마다 아름다운 열매를 맺느니라." 왜 그렇습니까? 좋은 나무는 하나님의 자녀이기 때문입니다. 능력이 없고, 약한 것 같고, 지식도 없고, 좀 미련한 것 같고, 아직도 죄인이고, 구제 불능한 자인 것 같지만, 중생한 사람입니다. 하나님의 자녀입니다. 그 중심, 믿음을 하나님께서 보십니다. 하나님께서 사랑하시기에 하나님의 자녀를 통하여 하나님께서 역사하십니다. 우리에게 필요한 것은 믿음입니다. 나를 통해서 하나님께서 역사하신다는 믿음, 나 같은 죄인을 통해서 하나님의 뜻이 이루어진다는 믿음이 곧 사역인 것입니다. 그런데도 좁은 길을 가려고 하지 않습니다. 좁은 문으로 들어가지도 않습니다. 넓은 문과 넓은 길로 가야 사역이 잘 될 것 같다고, 좋은 결과를 만들어낼 것 같다고 말합니다. 어리석은 행위입니다. 그러므로 우리는 항상 내가 누구인지를 분별해야 합니다. 예수 그리스도 안에서, 하나님 앞에서 정말 좋은 나무인지, 하나님의 복음과 말씀으로 분별해야 합니다. 그리고 오직 믿음으로 다시 시작해야 합니다. 믿음의 생각에 이끌려 살아가고, 믿음의 선택과 결단을 하며, 믿음의 실천을 할 뿐입니다. 그럴 때 우리는 항상 좁은 문, 좁은 길로 나아가게 됩니다. 그 속에서 아름다운 열매, 좋은 열매를 맺게 됩니다.

하나님의 사람 리빙스턴의 일화입니다. 이분이 아프리카 선교지에서 잠시 영국으로 돌아왔을 때 한 사람이 물었습니다. "선교하시느라 얼마나 고생이 많으십니까? 그동안의 고생과 희생을 생각하면 선교사로 나간 게 혹시 후회되지는 않으십니까?" 이 질문에 그는 유명한 대답을 남겼습니다. "희생이라니요? 나는 이 일이 참으로 즐겁습니다. 선교사역이 내게는 가장 기쁜 일입니다. 제발 내 선교사역에 '희생'이라는 용어를 다시는 쓰지 말아 주십시오." 성도 여러분, 사역은 믿음입니다. 믿음으로 사는 사람에게 희생과 후회가 어디에 있겠습니까? 믿음의 선택으로 좁은 길, 좁은 문으로 나갑니다. 예수 그리스도를 본받으며, 따르며 살아갑니다. 그 속에 자유함이 있습니다. 하나님의 은혜와 사랑에 응답하게 됩니다. 내 안에서 하나님의 뜻이 이루어진다는 믿음으로 행하게 되는 것입니다. 그것을 체험하며 좋은 열매를 거두는 사람이 어찌 희생을 논할 수 있겠습니까?

성도 여러분, 하나님의 자녀안에 계신 보혜사 성령께서 이 일을 깨닫게 하십니다. 사역의 본질이 무엇이며, 사역의 결과가 무엇이며, 무엇이 하나님께서 기뻐하시는 진정한 사역인지 이 잠언을 통해서 깨닫게 하십니다. 그러기에 항상 예수 그리스도 안에 연합하여 그리스도를 본받으며 따르게 하십니다. 그리고 좁은 길, 좁은 문으로 나아가 풍성한 열매를 맺게 하십니다. 성령께서는 날마다 하나님의 자녀로 하여금 하나님의 은혜와 사랑에 집중하게 하십니다. 하나님의 복음을 깊이 묵상하게 하십니다. 그리고 복음의 증인으로 아름다운 열매를 맺으며 승리케 하십니다. 오늘도 주께서 내게 말씀하십니다. "좋은 나무마다 아름다운 열매를 맺느니라."

† 기도

창조주이시며 거룩하신 하나님 아버지. 주께서 보시기에 미천하며 어리석은 죄인임이 확실하건만, 오직 하나님의 은혜의 부르심 속에 믿음으로 하나님의 자녀가 되게 하시어, 이제는 좋은 나무가 되어 풍성한 아름다운 열매를 맺는 형통한 삶을 살게 해주심을 진심으로, 진심으로 감사드립니다. 그러나 아직도 예수 그리스도를 믿으며, 하나님을 나의 아버지로 고백하면서도 넓은 문, 넓은 길을 찾아 헤매고 방황하며, 성령의 열매를 확신하지 못하고 팔복의 마음의 가치와 능력을 깨닫지 못한 채 세속적인 신앙생활을 하는 죄인을 불쌍히 여겨주옵소서. 나의 주 성령이시여, 하나님의 자녀와 항상 함께하시어 그리스도의 마음과 지식을 본받으며, 좁은 길, 좁은 문을 선택하여 하나님이 기뻐하시는 놀라운 열매를 맺으며, 승리하며, 하나님께 영광 돌리는 삶을 살아가도록 항상 지켜주옵소서, 우리 주 예수 그리스도의 이름으로 간절히 기도드리옵나이다. 아멘.

14장

반석 위와 모래 위

14 | 반석 위와
모래 위

그러므로 누구든지 나의 이 말을 듣고 행하는 자는 그 집을 반석 위에 지은 지혜로운 사람 같으리니 비가 내리고 창수가 나고 바람이 불어 그 집에 부딪치되 무너지지 아니하나니 이는 주추를 반석 위에 놓은 까닭이요 나의 이 말을 듣고 행하지 아니하는 자는 그 집을 모래 위에 지은 어리석은 사람 같으리니 비가 내리고 창수가 나고 바람이 불어 그 집에 부딪치매 무너져 그 무너짐이 심하니라

(마태복음 7:24-27)

18세기 영국의 유명한 작가이자 화가이며 사상가였던 윌리엄 블레이크에 관한 일화를 소개하겠습니다. 어느 날 한 남자가 찾아와 질문했습니다. "선생님, 어떻게 하면 위대한 사상가가 될 수 있습니까?" 그는 간단하게 대답해 주었습니다. "많이 생각하며 살아가시기 바랍니다." 이 단순 명료한 대답에 이 남자는 커다란 깨달음을 얻었고, 감격해서 집으로 돌아

갔습니다. 그리고 한 달이 지나도록 방에만 들어앉아 생각하고 또 생각했습니다. 그런 모습을 보다 못한 부인이 블레이크를 찾아가 남편의 상황을 말하며 하소연했습니다. 그래서 블레이크가 직접 집으로 찾아갔는데, 그는 초췌한 몰골로 누워 생각에 잠겨 있었습니다. 그는 블레이크를 보자마자 침대에서 겨우 일어나 말했습니다. "선생님, 여태껏 더 이상 생각할 게 없을 정도로 깊은 명상을 했습니다. 도대체 얼마나 더 생각해야 위대한 사상가가 되는 것입니까?" 블레이크는 이렇게 말했습니다. "제가 깜빡하고 말씀드리지 않은 게 있네요. 그건 바로 행동하지 않는 사람의 생각은 휴지 조각과 같다는 것입니다." "행동하지 않는 사람의 생각은 휴지 조각과 같다"는 말을 깊이 생각하며 살아가야 합니다. 야고보서 2장 26절에 기록된 하나님의 말씀입니다. "영혼 없는 몸이 죽은 것 같이 행함이 없는 믿음은 죽은 것이니라."

하나님의 말씀에 아멘으로 응답하기

성도 여러분, 기독교의 구원은 오직 하나님의 은혜로 말미암아 믿음으로 받습니다. 그리고 그 믿음은 우리 안에서 먼저 생각의 변화를 일으킵니다. 믿음의 생각에 이끌려, 생각이 하나님의 뜻에 합당하게 변화되어 갑니다. 그리고 행함 있는 믿음으로 그 믿음이 온전해져 구원을 완성합니다. 그러므로 행동 없는 믿음은 죽은 것입니다. 생각만의 믿음은 추상적인 것으로 아무런 능력이 나타나지 않습니다.

믿음의 조상 아브라함을 항상 생각해 보시기 바랍니다. 그가 어떻게 믿음의 조상이 되었습니까? 그의 일생에서 잊지 못할 하나님과의 관계에 대한 사건이 창세기 22장에 나타납니다. 하나님께서 갑자기 독생자 이삭을 제물로 바치라고 말씀하십니다. 청천벽력과 같은 말씀이지만 그는 하나님을 믿었기에, 하나님의 은혜와 사랑을 믿었기에, 하나님께서 더 깊은 뜻을 가지고 계심을 믿었기에, 그 말씀에 순종하여 사랑하는 아들을 제단에 올려 제물로 바칩니다. 이 행함 있는 믿음으로 그는 복을 누리며, 복의 근원이 됩니다. 믿음의 조상이 됩니다. 하나님을 믿는다고 하면서 하나님의 말씀에 불순종하면 어떻게 믿음의 사람이 될 수 있겠습니까?

거듭난 그리스도인은 하나님의 말씀에 항상 '아멘'으로 응답하며 오늘을 살아갑니다. '아멘'이란 영어로 truly, 곧 '진실로 옳다'는 뜻입니다. 다시 말해서, '진실로 yes'라는 뜻입니다. 적극적으로 지지하고 영접하며 순종을 결단하는 표현입니다. 그것이 '아멘'입니다. 그래서 하나님의 말씀을 듣고 읽을 때 신중하게 아멘을 해야 합니다. 아무 때나 해서는 안 됩니다. 그렇지 않습니까? 하나님의 말씀은 깊이 고찰하고 상고하며 묵상해야, 비로소 아멘이 나오는 것입니다. 자기 기분에 따라, 분위기에 따라 아멘이라고 하는 것은 잘못된 신앙생활입니다. 아멘은 순종과 실천을 의미합니다.

하나님과 바른 관계를 맺는 인생은 하나님과 하나님의 말씀 앞에 '아멘!' 하는 것입니다. 적극적으로 지지하고, 찬성하는 것입니다. 물론 다 이해되지 않습니다. 왜 그렇습니까? 세상에는 나쁜 일도 많고, 폭력과 전쟁도 많기 때문입니다. 하지만 하나님의 뜻 가운데서 하나님께서 역사하십니다. 모든 것이 잘되고 있습니다. 하나님의 뜻대로 되고 있습니다. 그래서 아멘이라고 하는 것입니다. 그래서 아멘은 적극적인 찬성과 지지와 동의와 행함이 있는 믿음을 결단하는 것입니다. 그런데 "하나님, 나의 하나님" 하면서 순종하지 않고, 하나님의 뜻을 실천하지 않는다면 그것은 죽은 믿음입니다. 행함이 없는 믿음입니다.

한 마부가 나귀를 끌고 길을 걷고 있었습니다. 언덕 비탈길을 올라가는데, 나귀의 걸음걸이가 좀 불안하더니 낭떠러지로 금방 굴러떨어질 것만 같았습니다. 깜짝 놀란 마부가 나귀의 꼬리를 꽉 붙들고 떨어지지 않도록 잡아 끌어당겼습니다. 그런데 평소에도 이 나귀는 고집이 세고 말을 안 들었습니다. 그러니까 마부를 이기려고 끝까지 몸부림쳤습니다. 지친 마부가 나귀의 꼬리를 놓으며 말했답니다. "그래, 네가 이기게 해 주마. 그런데 네가 이긴들 결국 낭떠러지에 굴러떨어지는 것 밖에 없겠구나." 구원은 자아가 죽고 깨지는 것입니다. 자아 성취가 아닙니다. 구원은 오직 믿음으로 하나님의 뜻이 내 안에서 아멘으로 응답되고, 그 뜻이 행함이 있는 믿음으로 완성되어 온전케 되는 것입니다. 행함 없는 믿음은 참으로 휴지 조각 같은 것임을 항상 기억해야 합니다.

오늘 본문에 예수님의 잠언이 기록됩니다. 산상수훈에 해당하는 마태복음 5장부터 7장까지의 마지막, 최종 잠언입니다. 그런데 예수님의 잠언은 성경말씀 안에서, 특별히 예수님의 말씀 속에서 가장 엄숙하고 강한 경고의 말씀임을 기억해야 합니다. 이것은 종말론적 선포의 말씀입니다. 그러므로 하나님의 자녀는 이 말씀을 항상 묵상하며, 이 말씀을 근거로 오늘을 살아가야 합니다. 위대한 산상수훈의 설교, 그 최종 결론이 오늘의 잠언이요, 그 최종 적용이 오늘 본문의 말씀입니다. 그 중요성을 알아야 합니다. 그런데 여러 가지 잠언을 항상 기억하는 것은 아니더라도, 성령께서 필요에 따라 주시는 것을 기억해야 합니다. 그중에서도 오늘 본문의 말씀은 의도적으로 항상 기억해야 합니다. 왜 그렇습니까? 최종 결론이요, 적용이기 때문입니다. 내가 세상의 빛과 소금으로 살아가는지, 내가 좋은 나무가 되어 아름다운 열매를 맺으며 살아가는지 이 말씀이 분별하게 합니다. 그만큼 엄중한 주님의 말씀입니다.

예수님의 잠언은 어떤 말씀이든지 항상 심플합니다. 간결하고 단순합니다. 오늘 이 잠언의 내용도 그렇습니다. 인생을 집에 비유하여 말씀하십니다. 반석 위에 지은 집이 있고, 모래 위에 지은 집이 있다는 내용입니다. 반석 위에 지은 자는 지혜로운 자라고 말씀하십니다. 지혜로운 자는 성경에서 보면 하나님을 경외하고, 하나님의 사람으로 복 있는 인생을 살아갑니다. 그런데 모래 위에 집을 지은 자는 어리석은 자입니다. 참으로 어리석습니다. 여기서 어리석다는 것은 하나님을 경외하지 않고 하나님께 불순종하는, 결국 하나님의 심판을 받는 그러한 사람을 의미합니다. 그런데 중간은 없습니다. 둘 중 하나입니다. 둘 중 하나의 인생을 우리는 살아갑니다.

서로 다른 두 인생

대조적인 두 인생의 공통점이 이 잠언에 나타나 있습니다. 먼저는 모든 사람이 집을 짓기를 소원합니다. 반석 위든 모래 위든, 자기 인생의 집을 지으며 살아갑니다. 잘 살고, 복되고, 형통하기를 모두가 소원합니다. 그리고 모든 그리스도인은 천국에 들어가기를, 영생의 삶을 누리기를 소원하며 살아갑니다. 모든 기독교인은 예수님을 구세주로 영접하며, "주여, 주여"라고 고백합니다. 그런데 이런 삶의 과정에서도 그렇지만, 더욱이 마지막 결과가 정반대로 나타나는 사람들이 있습니다. 반석 위에서 인생을 살아가는 사람이 있는가 하면, 어떤 사람은 모래 위에서 인생을 살아 멸망에 이릅니다. 그리고 또 다른 공통점은 모두가 어딘가에 집을 짓는다는 것입니다. 모든 그리스도인은 예수 그리스도 앞이라는 같은 장소에서 집을 지으며 살아갑니다. 예수님의 말씀을 직접 듣는 청중들이 그렇고, 오늘날 우리들도 같습니다. 다시 말해서 모두가 교회 안에서, 기독교 안에서 그리스도인이라는 이름으로 같은 장소에서 집을 지으며 살아갑니다. 그러나 그 결국은 천지 차이입니다. 천국이냐 지옥이냐로 나누어집니다. 예수님의 제자들을 생각해 보십시오. 예수님 앞에서 함께 부르심을 받았습니다. 함께 제자가 되었습니다. 3년 동안 동고동락하며 같은 말씀을 듣고, 함께 지냈습니다. 그런데 가룟 유다는 모래 위에 집을 지은 인생입니다. 멸망합니다. 다른 제자들은 반석 위에 집을 지으며, 위대한 사도로 성경에 기록되고 하나님 앞에 나갑니다. 그것을 잠언을 통해서 우리에게 가르쳐 주고 있습니다.

오늘 본문 바로 앞인 7장 21절부터 23절에는 우리가 알고 있는 무서운 경고의 말씀이 있습니다. 22절과 23절에 보면 주의 이름으로 귀신을 축출하고, 선지자 노릇을 하고, 많은 능력을 행하는 사람들이 천국에 들어가지 못한다고 말씀합니다. 이것은 정말 깜짝 놀랄 만한 이야기입니다. 결론을 알려주시는 것으로, 그 말씀을 오늘 본문에서 잠언을 통해서 주십니다. 그런데 왜 천국에 들어가지 못합니까? 하나님의 뜻을 행하지 않았기 때문입니다. 오늘도 마찬가지입니다. 같은 교회, 같은 기독교 안에서 신앙생활을 하지만, 거듭난 자가 있는가 하면 거듭나지 못한 자가 있습니다. 영생을 소유한 자가 있는가 하면 영생을 추상적으로 여기는 사람이 있습니다. 천국을 갈망하며 준비하는 인생이 있는가 하면, 그것보다는 세상이 더 좋아 세상 중심의 삶을 살아가는 삶이 있습니다. 대조적으로 나누어져 있는 것을 반석과 모래 비유를 통하여 예수님께서 우리에게 말씀하십니다. 그리고 반석 위인지 모래 위인지 구별이 어렵다는 것을 기억해야 합니다. 그 이유는 땅속 깊이 박혀 있기 때문입니다. 이 반석과 모래는 건물의 기초가 됩니다. 땅속 깊이 들어가 있기에 영적 분별력을 갖지 않고는, 그래서 깊은 통찰력이 없이는 분별하기 어렵습니다. 오직 성령께서 조명해 주셔야, 진리의 영이 함께해 주셔야 분별력을 가지고 통찰해 나갈 수 있습니다.

이 단순한 잠언 속에 분명한 차이점이 명백하게 나타나 있습니다. 반석 위냐 모래 위냐는 24절의 말씀을 기준으로 합니다. "그러므로 누구든지 나의 이 말을 듣고 행하는 자는 그 집을 반석 위에 지은 지혜로운 사람 같으니라." 이 말씀을 항상 묵상하며 오늘을 살아가야 합니다. 주께서 말씀하십니다. 먼저, "나의 이 말"을 말씀하십니다. 이것은 무엇을 말씀합니까? 산상수훈 설교 전체를 말씀합니다. 더 나아가서 예수님이 전하신 모든 말씀입니다. 성도 여러분, 예수님의 이 말씀을 하나님의 말씀으로 믿습니까? 그것으로 좌우됩니다. 반석 위에 집을 짓는 자냐 모래 위에 집을 짓는 자냐 하는 것을 구분하는 것은 이 고귀한 말씀입니다. 비록 내가 기억력이 나쁘고, 삶의 습관이 나빠서 망각하고 소홀히 여긴다고 하더라도, 이것은 고귀하고 권세 있는 하나님의 말씀입니다. 그대로를 믿는 자가 반석 위에 집을 짓는 것입니다.

성도 여러분, 하나님의 말씀은 절대 진리입니다. 영원한 진리입니다. 오직 하나님의 말씀뿐입니다. 세상에 수많은 진리가 있고, 진리 같은 것들이 있지만, 다 부분적인 진리요, 온전한 진리가 아닙니다. 왜 그렇습니까? 하나님의 말씀만이 절대 진리이기 때문입니다. 그 말씀을 믿는 자는 이제 그렇게 보입니다. 믿음의 생각으로 판단합니다. 그런데 하나님의 말씀을 들으면서도, 자신이 그리스도인이라고 생각하면서도 아직 무엇이 진리인지 모릅니다. 다 비슷한 것 같습니다. 그리고 침묵합니다. 이것도 또 저것도 맞는 것 같다면, 그는 모래 위에 집을 쌓는 자입니다. 왜 그렇습니까? "나의 이 말", 즉 예수님의 설교, 예수님의 말씀을 하나님의 말씀으로 아직 영접하지 않았기 때문입니다. 부분 부분을 받아들이는 것입니다.

특별히 예수님이 전파하신 하나님의 복음은 온전한 진리입니다. 영원한 진리입니다. 이것은 가감되면 안 됩니다. 내 마음에 안 든다고 거기다 뭘 좀 보태고, 내가 좋아한다고 부분적으로 그 말씀만 붙드는 식으로 취급될 말씀이 아닙니다.

절대 가감하거나 왜곡해서는 안 됩니다. 그들은 주의 이름으로 선지자 노릇하고, 많은 설교를 하며 복음을 전했을 것입니다. 주의 이름으로 귀신을 쫓아내고, 많은 능력을 행했습니다. 병자들을 고치고, 뭔가 하나님의 일을 열심히 했습니다. 그런데 천국에 들어가지 못한다고 하십니다. 왜 그렇습니까? 하나님의 말씀을 가감했기 때문입니다. 복음을 가감했습니다. 오늘 이 시대가 그렇습니다. 복음이 왜곡되었습니다. 실종되었습니다. 복음을 성경에서 읽고도 다른 설교를 합니다. 자기 경험을 얘기합니다. 세상 이야기로 가득 찹니다. 모래 위에 집을 쌓는 것과 같습니다.

내게 주신 하나님의 말씀에 순종하기

또한 예수님께서 말씀하십니다. "나의 이 말을 듣고." 듣느냐, 듣지 않느냐에서 결정됩니다. 반석 위냐 모래 위냐는, 듣는 자이냐 듣지 않는 자이냐의 결과입니다. 반석 위에 집을 짓는 사람은 예수님의 말씀을, 하나님의 말씀을 경외합니다. 다 알아듣지 못해도 경외가 먼저입니다. 그리고 청종합니다. 왜 그렇습니까? 하나님의 말씀이기 때문입니다. 거기서 인생이 나뉩니다. 성경말씀을 읽으면서, 예수님의 말씀을 들으면서 '좋은 말씀이다. 참 훌륭한 말씀이다'라고 하는 정도로는 안 됩니다. 하나님의 말씀으로 들려야 합니다.

성도 여러분, 주일설교에서 선포되는 하나님의 말씀은 참으로 귀한 것입니다. 목회자가 귀한 것이 아니라, 성경말씀을 말씀 되게 하는 그 메시지가 귀하다는 것입니다. 그래서 다른 예배 시간, 수요예배나 무슨 집회 시간이나 새벽기도회와는 차원이 다릅니다. 주일예배만이 공적인 예배입니다. 공적으로 모든 교인이 참석하는 예배 시간입니다. 이 시간 내게 주신 하나님의 말씀을 성경말씀을 통해서 듣지 못한다면, 그는 모래 위에 집을 쌓는 것입니다. 불행한 결론에 이릅니다. 혼자 성경을 공부하고, 히브리어와 같은 고대어를 배운다고 해서 될 일이 아닙니다. 성령께서 공적 예배를 통하여 하나님의 자녀인 내게 주신 하나님의 말씀을 듣게 하십니다. 내게 주시는 하나님의 말씀입니다. 그런데 꼭 이런 분이 있습니다. 이런 이야기를 하십니다. "이 말씀 꼭 우리 애들이 들어야 하는데, 우리 남편이 들어야 하는데." 그것은 예배 안 드린 것입니다. 내게 주시는 말씀이어야 합니다. 하나님의 말씀을 듣는 순간 내가 회개하고, 내가 믿음으로 거듭납니다. 다른 사람 생각할 시간이

나 여유가 없습니다.

그런데 내게 주신 하나님의 말씀이 항상 내게 감동과 위로만 주는 것은 아닙니다. 오히려 찔림이 있고, 그래서 회개가 있습니다. 나를 위로하고, 나를 기쁘게 하고, 내 소원이 성취되고, 나와 코드가 맞는 것이 하나님의 말씀은 아닙니다. 절대 아닙니다. 그런 사람은 듣고 싶은 것만 선택적으로 듣습니다. 그것은 사탄의 역사입니다. 인간의 영이 작동하는 것입니다. 성령께서 내 안에 작동하신다면 온전히 오늘 본문을 통해서 그 말씀에 집중하며, 전체를 받아들이게 됩니다. 그것을 분별하며 하나님의 말씀을 들어야 합니다.

간단히 생각해 보십시오. 불신자는 누구입니까? 말씀을 안 듣는 자입니다. 혹시 듣는 것 같아도 거듭나지 못한 자는 선택적으로 듣습니다. 하나님의 말씀을 경외하지 않습니다. 청종하지 않습니다. 특히 하나님의 말씀으로 듣지 않습니다. 좋은 교훈의 말씀으로 듣습니다. 거기서 이미 빗나간 것입니다. 어떤 분은 교회에 오래 출석한 것을 자랑합니다. 특별히 존경하는 목사님으로부터 오래 설교를 들었다고 자랑합니다. 예수소망교회에도 그런 분들이 있습니다. 초창기부터 시작해서 20년을 다녔고, 거기다가 복음 설교만을 들었다는 자부심이 있습니다. 거기까지는 좋은데, 정말 들었습니까? 그랬다면 그 인생이 변했을 것입니다. 회개하며 믿음의 사람으로 변해가고 있을 것입니다. 그런데 실제로는 전혀 변한 것이 없습니다. 20년 전이나 지금이나 변한 것이 없고, 영적 판단력도 없습니다. 말하는 것들이 다 인간적인 기준에 따른 것이라면, 무엇을 들은 것입니까? 듣는 마음, 그 태도가 잘못되었습니다. 하나님의 말씀으로 듣지 못했습니다. 그 사람이 바로 모래 위에 집을 쌓으며 살아가는 인생이라는 것을 분명히 알아야 합니다.

그리고 주께서 말씀하십니다. "행하는 자마다." 어떻게 보면 이것이 가장 중요한 강조점입니다. 행함이 있는 믿음, 그 사람이 반석 위에 집을 짓는 것입니다. 실천을 말합니다. 하나님의 뜻을 분명히 알았습니다. 우리는 모든 것을 알 수는 없고, 때를 따라 하나님께서 말씀을 주십니다. 그런데 명백하고 보편적으로 주신 하나님의 뜻이 있습니다. 그것을 실천해야 합니다. 때로 실천을 못 한다고 해도, 실천하고자 하는 기도를 하면서 시도는 해야 합니다. 그런데 귓등으로도 안 듣습니다. 머리에만 있습니다. 기도만 합니다. 실천은 아무것도 없습니다. 행함 없는 믿음은 모래 위에 집을 짓는 어리석은 자라는 말씀을 오늘 주시는 것입니다.

성도 여러분, 참 믿음이란 무엇입니까? 먼저 성경말씀이 하나님의 말씀으로 믿어지고, 이 안에서 내게 주신 하나님의 말씀을 듣는 것입니다. 그래야 참 믿음이 생깁니다. 예수님을 믿으면서 예수님의 말씀은 안 믿고, 하나님을 믿는다고 하면서 하나님의 말씀을 나와 별개로 둔다면, 이것은 바른 믿음이 아닙니다. 참 믿음은 삼위일체 하나님을 믿고, 그 역사 속에서 내게 주신 말씀을 듣고 믿는 것입니다. 그러면 놀라운 변화가 시작됩니다. 먼저 생각의 변화가 나타납니다. 왜 그렇습니까? 믿음으로 생각하기에 이전의 생각과는 다른 영적인 생각이 내게 일어납니다. 그것이 반복되면서 생각의 습관을 이루어 삶이 변화됩니다. 그리고 그 생각의 변화에 따라 믿음의 생각에 이끌리어 행함 있는 믿음의 사람으로 변해갑니다. 결국 행함 있는 믿음으로 온전한 믿음의 사람이 됩니다. 성경에 등장하는 하나님의 사람들의 모든 예가 그렇습니다. 아브라함도 초기에는 휘청거렸지만, 행함이 있는 믿음으로 믿음이 완성되어 믿음의 조상이 됩니다. 사도들도 다 별 볼 일 없었습니다. 예수님의 십자가 앞에서 다 도망갔습니다. 그렇게 형편없는 믿음이었지만 성령을 받은 후에는, 예수님의 십자가와 부활을 목격한 후에는 완전히 행함 있는 온전한 믿음의 사람이 됩니다.

위대한 사도의 인생을 살아갑니다. 예외는 없습니다. 행함 없는 믿음은 죽은 믿음입니다.

그리고 오직 하나님의 뜻에 대한 믿음이어야 합니다. 자기 확신, 인간의 뜻이 아닙니다. 성경말씀 안에서 오직 하나님의 뜻에 대한 믿음입니다. 그래서 7장 21절에 주께서 말씀하십니다. "하늘에 계신 내 아버지의 뜻대로 행하는 자라야 들어가리라." 그래야 천국에 들어갑니다. "하늘에 계신 내 아버지의 뜻대로 행하는 자라야", 이 땅에서 복을 받고 주와 동행하며 천국 영광의 수혜자가 됩니다. 그런데 많은 일을 한 것 같고, 많은 업적을 쌓은 것 같더라도 하나님의 뜻대로 행하는 자가 아니라면 천국에 들어가지 못합니다. 주의 이름으로 귀신을 쫓아내고, 능력을 행하고, 선지자 노릇 한들 천국에 들어가지 못한다는 것이 주님의 말씀입니다. 그 최종 메시지에 대한 잠언이 오늘 본문입니다.

복음에 합당한 그리스도인의 삶

영국의 비평가이자 사상가였던 존 러스킨의 유명한 일화가 있습니다. 이분이 옥스퍼드 교수 시절에 어느 날 강의하러 강의실로 갈 때 비가 너무 많이 와서, 강의실로 가는 흙길이 엉망이 되면서 심한 곤욕을 치렀습니다. 강의실로 가는데 진흙이 옷에 튀어서 애를 먹었습니다. 그가 들어가자마자 말했습니다. "너희들도 애먹었지? 힘들었지?" 그러면서 어떻게 하면 되겠느냐고 학생들에게 묻자, 전부 이렇게 대답했습니다. "길을 고쳐야 합니다." 비는 언제든지 올 것이기 때문에 길을 고쳐야 한다는 말이 맞습니다. 그때 러스킨 교수가 한 말입니다. "그럼, 우리 다 함께 나가서 고치자. 머리로만 생각하는 것은 아무 소용이 없다. 실천해야 한다." 그리고 정말로 다 나가서 그때부터 길을 고쳤다고 합니다. 이후 실천의 중요성을 가르친 그분의 강의를 생각하며, 그 길 이름을 '러스킨의 길'(Ruskin's Walk)이라고 부르게 되었다고 합니다. 아무리 좋은 생각이라도 행함이 없으면 휴지 조각과 같은 것입니다.

성도 여러분, 마태복음 5장, 6장, 7장에 나타난 예수님이 전파하신 산상수훈의 잠언을 깊이 상고하며 말씀을 전했습니다. 이 말씀은 항상 묵상하고 실천되며, 이 말씀이 내 안에 사건으로 나타나야 합니다. 예수님의 이 위대한 산상수훈 설교는 하나님의 자녀가 세상에서 소금과 빛의 인생을 어떻게 살아갈 수 있는지, 그 방법을 구체적으로 제시합니다. 하나님의 은혜와 사랑을 받은 자가 그 은혜와 사랑에 어떻게 응답해야 합당하게 살아갈 수 있습니까? 복음의 증인은 어떻게 살아야 합니까? 하나님께 영광을 돌리는 삶은 어떠해야 합니까? 그것을 우리한테 명료하게 잠언을 통하여 말씀하셨습니다.

이것은 율법과 다릅니다. 인간이 행하는 행위의 차원에서는 율법과 비슷하지만, 메시지도 다르고 깊이가 다릅니다. 율법은 아직 예수님이 오시기 전에, 십자가의 사랑이 나타나기 전에, 성령이 오시기 전에 주어졌기 때문입니다. 그러나 이 산상수훈은 예수님이 오심으로 주셨습니다. 하나님 나라의 복음이 전해졌고, 팔복의 마음이 나타났고, 성령의 역사가 선물로 약속되어 있는 시간에 주셨습니다. 그러므로 이것은 복음에 대한 응답을 가리킵니다. 신학적으로 따지면 케리그마적 디다케(Kerygmatic Didache)입니다. 십자가의 복음이 선포되었고, 그 복음에 합당한 그리스도인의 삶이 무엇인가를 이 산상수훈을 통해서 명확하게 우리에게 나타내주셨습니다. 그리고 이것이 하나님의 뜻입니다. 그래서 주께서 말씀하십니다. "이 말을 듣고 행하는 자는 복이 있다. 반석 위에 집을 세운 지혜로운 자와 같다. 그러나 이 말을 듣고 행하지 않는 자는, 행함이 없는 믿음으로 살아가는 자는 어리석은 자다. 끝은 멸망이다."

한 소년이 역사에 기억될 큰 업적을 남기고 싶어서 기도하다가 담임 목사님을 찾아갔습니다. "목사님, 훌륭한 사람이 되려면 어떤 일부터 해야 합니까?" 목사님은 먼저 이렇게 말했습니다. "하루에 24시간이 있는데, 그러면 한 시간을 내가 말한 대로 해보겠니?" 소년은 대답합니다. "한 시간이요? 겨우 한 시간인데, 그렇게 하겠습니다." 이제 목사님이 친절하게 말씀해 주셨습니다. "하루에 15분씩 기도하고, 15분씩 성경을 묵상하게. 15분씩 다른 사람에게 그 묵상한 하나님에 대한 이야기를 전하고, 15분씩 사랑을 실천하게. 그러면 자네의 인생에 밝은 빛이 보일 걸세." 이 소년은 그 말을 자기에게 주신 하나님의 말씀으로 듣고, 그대로 실행에 옮깁니다. 그리고 성장해서 전 세계를 누비는 인물이 되었습니다. 바로 세계적인 부흥사인 빌리 선데이 목사님입니다. 성도 여러분, 하루하루 얼마나 하나님의 뜻에 순종하며, 행함 있는 믿음으로 오늘을 살아가십니까? 위대한 산상수훈의 메시지를 기억하며, 하나라도 실천하면서 오늘을 살아가십니까? 반석 위에 집을 짓는 지혜로운 자로 살아가십니까? 아니면 그냥 살아가십니까?

성도 여러분, 이 산상수훈의 예수님 말씀이 내게 항상 하나님의 말씀으로 다가오며, 나를 분별하는 시금석이 되어야 합니다. 오직 예수 그리스도 안에서 성령의 도우심을 받아야 하나님과 바른 관계를 맺으며, 그럴 때 반석 위에 집을 쌓을 수 있습니다. 반석 위에 집을 지으며 살아가는 지혜로운 사람은 항상 좁은 문, 좁은 길을 의도적으로 선택하며 오늘을 살아갑니다. 그리고 그리스도 안에서 그리스도의 마음과 생각과 지식과 태도를 본받으며 그리스도를 따르고, 그리스도의 영광을 나타내며 오늘을 살아갑니다. 그럴 때 하나님의 뜻에 순종하며 복음의 증인으로 형통한 삶을, 하나님의 이름을 영화롭게 하는 승리의 삶을 살아가게 되는 것입니다.

† 기도

창조주이시며 거룩하신 하나님 아버지. 예수 그리스도를 나의 구주로 영접하여 나의 주라 고백하며 찬송하지만, 아직도 내 안에서 주가 주 되지 못하여 불신앙과 행함 없는 믿음으로 잘못된 신앙생활을 하며, 내게 주신 복을 누리지도 못한 채 막연한 기대 속에 모래 위에 집을 쌓아 올리며 살아가는 어리석은 자를 용서하여 주옵소서. 주께서 전파하신 산상수훈의 설교가, 그 위대한 진리가 내게 주신 말씀으로 가슴에 새겨지며, 그 말씀을 깊이 묵상하며 실천하여 어두운 세상에 복음의 빛을 전하며, 주와 동행하는 자로 형통한 삶을 살아갈 수 있도록 항상 함께하여 주옵소서. 나의 주 성령이시여, 성령 충만함을 받아 자아를 깨어 부수며, 오직 하나님의 뜻을 분별하며, 그 뜻에 실천하여 하나님의 자녀답게 주의 영광을 나타내며, 복음의 증인으로 담대한 인생을 살도록 함께하여 주옵소서. 주 예수 그리스도의 이름으로 간절히 기도드리옵나이다. 아멘.